LAS BICICLETAS SON PARA EL VERANO

TEATRO

Fernando Fernán-Gómez

Foto Antonio de Benito

FERNANDO FERNÁN-GÓMEZ

LAS BICICLETAS SON PARA EL VERANO

Introducción
Eduardo Haro Tecglen

Apéndice
Luis Fernández Fernández

COLECCIÓN AUSTRAL

Primera edición (Selecciones Austral): 21-II-1984
Vigésima octava edición: 28-XII-2001

© *Fernando Fernán-Gómez, 1984*

© *De esta edición: Espasa Calpe, S. A., 1984, 1999*

. *Diseño de cubierta: Tasmanias*

Depósito legal: M. 345—2002
ISBN 84—239—9865—7

Espasa, en su deseo de mejorar sus publicaciones, agradecerá
cualquier sugerencia que los lectores hagan al departamento
editorial por correo electrónico: sugerencias@espasa.es

Impreso en España/Printed in Spain
Impresión: UNIGRAF, S. L.

ESPASA

Editorial Espasa Calpe, S. A.
Carretera de Irún, km 12,200. 28049 Madrid

ÍNDICE

INTRODUCCIÓN

Parece ahora como si viejos compañeros del hombre
—compañeros de siglos— se nos volvieran desconocidos.
Hay nuevas y deslumbrantes amistades. Nos prendemos
—nos prendamos— de ellas; apenas necesitamos investi-
gar, analizar, estudiar su identidad. Es la confianza
cómoda y atónita del amor. Y, como siempre en esa
crueldad arrobada, comenzamos a extrañar la antigua
compañía, a inquietarnos por lo que queda de su presencia. Son ya un poco fantasmas. Y preguntamos a esos fantasmas familiares quiénes son, por qué están aquí, qué
quieren de nosotros, qué nos pueden dar todavía.

Así se está planteando la existencia del teatro. Es difícil
que en cualquier reunión —congreso, seminario— sobre
un tema teatral no se trate de empezar precisamente con
su propia identificación, con su definición. Es una sensación curiosa: no tratamos de definir el teatro como si no
supiéramos lo que es, sino como si lo estuviésemos olvidando. El olvido es una erosión lenta; y lentamente se
nos está olvidando lo que es el teatro, y tratamos de evo-
carlo y de invocarlo. Para que no se desvanezca.

Se podría poner alguna otra antigua palabra en el lugar
que hasta ahora, en estas todavía escasas líneas, está ocu-
pando la palabra «teatro». Por ejemplo: religión, patria,

filosofía, familia. Para algunos de entre nosotros puede
haber algunos términos más, de los que han formado
nuestra biografía o lo que solemos llamar nuestro pensamiento. Pero ese grupo de palabras enunciadas un poco
automáticamente tiene un sentido que apenas se escapa
y que se multiplica al alinearlas: cada una potencia a la
otra, y todas juntas, dan un grupo ideológico que coincide
con lo que llamamos conservadurismo. Es decir, son
unos factores de la civilización que conocemos y en la
que vivimos que están atravesando por una determinada
crisis de adaptación o de sustitución. No es difícil entron-
car en esa crisis, en esa agonía, lo que se entiende todavía
por teatro. Durante los últimos siglos, en Europa, ha
sido el teatro propiedad casi absoluta del mismo sector
dominante de la sociedad que consideramos conservador
y que en los últimos siglos sigue el nombre cambiante,
dudoso y ahora francamente acusado de «burguesía»: el
mismo que poseía los términos y los medios de religión,
patria, filosofía y familia.

El teatro ha sido muy pocas veces popular; cuando lo
fue, tuvo al pueblo como recipiendario de una moral, de
una ética, de una política. Producido, dirigido, elaborado
por otros para causar un sistema de adoctrinamiento. Las
leyes, disposiciones, decretos, ordenanzas o estatutos re-
gulando la producción teatral han existido y existen en
todos los países de Europa; en España su abundancia y
su persistencia es asombrosa: tienen un sentido único.
El acervo teatral español testimonia la eficacia de esa
construcción. Incluso cuando ha parecido más directamente popular estaba entrañando una dirección del
poder en busca de una respuesta social. Si tomamos el
ejemplo de las obras construidas en torno a la rebelión
popular frente al abuso del señorío —todo el grupo teatral en torno al *Alcalde de Zalamea, El mejor alcalde, el
Rey, Peribáñez, Fuenteovejuna...*— nos encontramos con
la etapa de construcción del poder central —real— frente
a los residuos feudales que le amenazaban, con una deli-

cada sensibilización del pueblo en favor de la irradiación de justicia única de la Corona y excitando su rechazo a los abusos de poder privados; delicada por cuanto, al mismo tiempo, trataba de mantener un sentido de la jerarquía y el orden considerados como naturales, susceptibles de rechazo únicamente cuando hubiese una transgresión flagrante, un «caso».

CONSUELO Y RESIGNACIÓN

El sainete, la obra de costumbres, el teatro donde el protagonista es el pueblo, están incluidos en esta misma condición, pero con unos datos peculiares: consuelo y resignación. En el paso de *Las aceitunas,* de Lope de Rueda, se encuentra ya la moraleja que, asombrosamente, va a durar más de cuatrocientos años y aún puede tener mucho porvenir: las gentes del pueblo han de conformarse con su pobreza y han de vivir en ella con la alegría posible y resignada. Llega hasta la famosa escena de la leche vertida en la escalera sórdida de la primera obra de Antonio Buero Vallejo, no sin pasar por la gracia amarga de *Las estrellas,* de Arniches, en la que los hijos del barbero de barrio quieren escapar a su condición por el camino del *cuplé* y del toreo que, aun siendo medios de triunfo tradicionalmente reservados al pueblo, se les vuelven en contra. Prácticamente todo este sistema de consuelo y resignación procede de una literatura castellana preteatral de la que es adelantado el Infante Don Juan Manuel y su *Libro de los exemplos del Conde Lucanor et de Patronio:* su personalidad —hijo de Fernando III de Castilla y regente durante un tiempo—, su actividad política, su otra obra literaria —su *Libro de caballería,* del que hay vestigios en el *Libro de los Estados*— dedicada a la definición, conservación y educación de la nobleza, dejan poco lugar a dudas de su intención de propaganda. Los eruditos saben perfectamente que los apólogos de

Don Juan Manuel proceden de un conglomerado de la civilización oriental budista, islámica, judía: es decir, de sociedades de castas y clases sociales impermeables, cuyo traspaso a la aristocracia cristiana de Castilla no podría ni siquiera iniciarse aquí. Se puede indicar *La realidad histórica de España,* de Américo Castro, para quien trate de ir más allá de este posible concepto.

Lo interesante, en esta mera reducción, es la impregnación del tema en los escritores de teatro, aun en contra de su voluntad manifiesta y de su espíritu cívico y, con un ceñido mayor a esta ocasión, aparece en la obra LAS BICICLETAS SON PARA EL VERANO, de Fernán-Gómez, fácilmente incorporable al grupo teatral del costumbrismo, pero en la que la fecha de escritura, el distanciamiento y la aproximación simultáneos con el período histórico recreado y la continua alusión a un modo de vida distinto, a algo posible y ya iniciado, dan una inflexión distinta a los valores de consuelo y resignación, aunque permanezca el pesimismo histórico.

PROYECTO Y DOCTRINA

La impregnación del tema parece imponerse a los autores de teatro, hasta muy recientemente —y precisamente en un momento que coincide con la desaparición o transformación del oficio de autor—, por una razón de vida real y por otra de vida teatral. La vida real de España, su consunción histórica y la expansión de una única doctrina dominante, han dado muy poco estímulo a la esperanza. La historia de España aparece como un proyecto que comienza a elaborarse hacia el final de la romanización y de la organización eclesiástica de la época visigoda, se convierte en un objetivo primordial durante la ocupación árabe y se termina (se finaliza, se define, se hace doctrina) al terminar la Reconquista, con los Reyes Católicos. Todo lo que sucede a partir de ese momento,

y hasta llegar al nuestro, no parece más que una consecuencia de lo que puede considerarse la conservación de
un país terminado y definido: apoyado en un código de
verdades oficiales y obligadas, en un complejísimo sistema de jerarquías y valores que no pueden ni deben ser
discutidas. Todo gran cambio histórico, incluyendo las
revoluciones modernas, lleva en sí un significado mítico
de final del estadio de formación y comienzo de una era
definitiva, imperturbable, incambiable: se ha conseguido
el hallazgo de la verdad. Sin embargo, en muy pocas situaciones históricas de esa envergadura se ha dado una
permanencia de esos valores como en la España que realmente comienza con los Reyes Católicos y cuya esencia
y existencia se mantiene en importantes capas sociales
de nuestros días. El conflicto surge desde el momento en
que esa definición universal que contiene la Reconquista
y la acción política de sus continuadores deja de ser realmente universal y se va circunscribiendo al ámbito de la
Península, luego al de una parte de la Península. El concepto de Estado y la unificación de poderes de ese estado
en instrumentos de poder unánimes —la Iglesia, el
dinero, el Ejército— no tienen igual en ninguno de los
otros grupos históricos de la civilización occidental: en la
oriental, donde hay otros ejemplos similares de persistencia, se pagan con la decadencia, la corrupción y la caída
en el colonialismo. Hay, sin embargo, una continua erosión, en el momento en que comienzan a progresar las
nociones de una cierta incompatibilidad entre la definición de verdades definitivas y absolutas, adoptadas como
sistema para llegar a la eternidad, y una dinámica de vida
que en otros países produce una cierta adaptación: la Re-
forma, el Renacimiento, la Revolución. La férrea instala-
ción del poder mesiánico se defiende, aun a sangre y
fuego —y la sangre y el fuego son más frecuentes y más
amplios a medida que la erosión es mayor—, contra lo
que considera cualquier adulteración, y su consiguiente
deterioración del poder. Hay un momento histórico en el

que parece que la rotura del instrumento del poder antiguo va a producirse: por lo menos, está materialmente igualada —en relación de fuerzas— con la entrada de las nuevas ideas: parece decidido ese momento en la instauración de la República del 14 de abril de 1931, que conduce a la prueba de fuerza de la guerra civil de 1936 (respondiendo al mismo tiempo a una especie de guerra civil en Europa, unos enfrentamientos ideológicos a los que ya no puede ser impermeable España), y ese es el momento cuyo reflejo está en la obra de Fernando Fernán-Gómez. Una vez más el esfuerzo se pierde. La recuperación de emblemas, ideas, conceptos y utopías del tiempo de los Reyes Católicos fue inmediatamente patente.

CAMBIAR LA VIDA

En *Las bicicletas son para el verano* se recoge continuamente el sentido de las aspiraciones del grupo de personajes que pierden esta ocasión histórica: cambiar de vida y cambiar la vida. Toda esta presencia está resumida en la frase final del personaje «Don Luis» a su hijo «Luis»: «Sabe Dios cuándo habrá otro verano.» Es obvio señalar el significado de la palabra «verano», referido simultáneamente al momento en que comenzó la guerra y a su símbolo de plenitud, de apertura. *Las bicicletas...* no es de ninguna manera una obra de teatro «social» en el sentido de género literario que se suele dar a esta expresión. Los personajes no están especialmente oprimidos y explotados, no luchan por unas determinadas conquistas de clase; ni siquiera luchan, ni sus ideologías están claramente definidas al comenzar la obra: al comenzar la guerra. Van entrando poco a poco en una nueva vía que parece abrirse ante ellos. Es un cambio paulatino, que al principio parece incluso asombrarles, que aceptan con miedo, con reserva, pero que acaba por ganarles. «Doña Dolores» dice en un momento determinado: «Ahora las cosas están cambiando... Algunas han cambiado ya del todo... Y hay problemas que antes parecían muy gordos y ahora ya no son nada...» Poco antes un personaje que sí participa en la lucha, un combatiente, «Anselmo», miliciano anarquista —el pensamiento ácrata es una clave importante de la obra—, ha hecho su canto ingenuo al futuro por el que pelea: «Primero, a crear riqueza; y luego, a disfrutarla. Que trabajen las máquinas. Los sindicatos lo van a industrializar todo. La jornada de trabajo, cada vez más corta; y la gente, al campo, al cine o a donde sea, a divertirse con los críos... Con los críos y con las gachís... Pero sin hostias de matrimonio ni de familia, ni documentos, ni juez, ni cura. Amor libre, señor, amor libre... Libertad en todo: en el trabajo, en el amor, en vivir donde te salga de los cojones...»

Un personaje doble, repartido en dos papeles, «Don Luis» y su hijo «Luis», representa toda la trayectoria de esta idea. «Don Luis» viene vencido desde antes: hay breves pero suficientes referencias a una vocación ahogada de ser «otra cosa», de haber truncado esperanzas e ilusiones por la presión del ambiente, por el peso histórico. Quedan, como residuos, sus viejos libros, sus papeles, almacenados y olvidados. Pero queda, sobre todo, una ética, una integridad, una irresistible tendencia al comportamiento libre, manifiesta incluso cuando tiene que traicionar ese comportamiento —el despido de la criada—, que son la columna vertebral de la obra. Se sabe que, aun en la apertura que se está produciendo, su propia vida va a cambiar escasamente: todo lo más, convertir en cooperativa el almacén de vinos en que trabaja. El depósito de la esperanza aparece, en cambio, en sus hijos: en «Manolita», que comienza a hacer posible una vida que hubiera parecido cegada —el teatro; precisamente el teatro como forma de libertad, de transgresión de las normas restrictivas de la pequeña burguesía—, el amor. Sobre todo, en su doble, en el personaje simétrico, «Luis», con el que empieza y termina la obra. «Luis» es otra vez el punto de partida de «Don Luis»: la imaginación, la fantasía, la lectura, la vocación de escritor. Para él pueden estar abriéndose las nuevas vías, la nueva sociedad; y sobre él cae el peso de la derrota, la desaparición del verano, el fin de la esperanza. Queda destinado a ser «botones», «chico de los recados». En el texto que Fernán-Gómez escribió para la revista *Tiempo de Historia* («¿Qué fue de aquellas gentes?»), donde imagina el desarrollo posterior de las vidas de sus personajes, queda explicada la magnitud de esa derrota. «Su afición a la literatura, su costumbre de escribir poesías a todas las niñas que le gustaban, se quedó en una veleidad de adolescencia»... «Él necesitaba el tiempo para algo más, para prosperar, para ascender, para ser alguien, que le parecía el único modo posible, en aquellas circunstancias, de hacer algo parecido a vivir.» ... «Se consagró por entero a la oficina, prescindió de todo lo que no fuera trabajo y una diversión moderada»... Hay una breve coda, en ese escrito posterior al estreno de la obra —y en circunstancias políticas distintas— en el que todo se reanuda. Está en las líneas dedicadas a «Pepito», el nieto de «Don Luis» que «heredó esa afición, o manía, por la lectura. Ante sus ojos, en aquellos años de máxima lucidez, pasaba la vida de su familia. Y la de sus amigos, sus vecinos. Y la de España. Le esperaban la persecución, la clandestinidad, el exilio, las torturas, la prisión. Había sido testigo y eligió la peor parte».

LA RAZÓN DEL PODER

Volviendo atrás: queda dicho que la creación del teatro en España está impregnada por el tema de la «vida imposible» por una razón histórica y por una razón de la vida del arte teatral. Son la misma razón. La razón del poder. La vida de España es esa continuidad con algunos desgarrones: uno de ellos es el que utiliza Fernando Fernán-

Gómez para su obra. Otro es el que podemos estar viviendo en estos momentos, aproximándonos a él cautamente, inseguros de su realidad, reservándonos —como sociedad, como país— una posible retirada. Precisamente uno de los factores de la importancia de su obra está en la posible recuperación del verano perdido: en que se ha representado aquí y ahora, cuando parece que no todo se ha perdido.

La vida del arte teatral es paralela. Haciendo una contracción muy violenta y muy insuficiente, por lo tanto, se puede contar la historia del teatro, la de su propiedad, en escasas palabras: ha pasado del enrejado de leyes, prohibiciones, coacciones y órdenes en las que prácticamente se constituyó cuando pareció fuerte, en los siglos que llamamos «de Oro», a las de la burguesía que lo utilizó como instrumento propio; tuvo la breve vitalidad de los años de la República y la pre-República, pasó a los de la censura férrea de los años de Franco y ha venido a caer en la casi propiedad del Estado. Los «cuarenta años» de Franco se convierten en una reproducción casi caricaturesca de los cuatro siglos anteriores, en un compendio velocísimo de la instauración fuerte y la degradación continua de la historia anterior. Si tomamos como un punto de partida la finalización de la Reconquista y como punto final la instauración de la República y el tiempo doble de la guerra civil, podemos casi hacer una reproducción a escala reducida con el tiempo que transcurre desde la Victoria del 1 de abril de 1939 («Pero no ha llegado la paz, Luis, ha llegado la victoria», dice «Don Luis» cuando está terminando el tiempo acotado por Fernán-Gómez en su obra) hasta la muerte de Franco y los acontecimientos posteriores conocidos como «transición», hasta llegar al día de hoy. En este compendio el teatro sufre una serie de agresiones velocísimas.

Teatro y propiedad

Suponemos, para entendernos fácilmente, que el teatro es una forma de necesidad humana de ver su propio reflejo representado. Suponemos también que esa representación puede llegar a ser capaz de cambiar los comportamientos. Son definiciones antiguas, quizá hoy demasiado audaces; pero son hipótesis de trabajo en este momento que queda descrito como de olvido, como de desvanecimiento del arte teatral, y que tratamos de recuperar para convencernos de su necesidad. La idea de que la sociedad emite un teatro y a su vez lo recibe —lo cual haría bastante más compleja la mera metáfora del espejo: serían dos espejos situados uno frente a otro y sin posibilidad ninguna de reflejar el infinito, puesto que las dos imágenes dependientes son móviles, cambiantes; cambian la una con respecto a la otra, y viceversa—, induce fácilmente a la idea de que modificando el supuesto espejo escénico se puede manejar el comportamiento de la sociedad en el sentido deseado por quien maneja la escena. Hacia el siglo XVIII-XIX la burguesía se apodera del teatro y lo convierte en su propiedad. No hay que desdeñar la importancia de ese momento en el sentido del «progreso» (como no hay que devaluar, en la etapa anterior antes citada, el progreso que supone el enfrentamiento del estado central con el señorío feudal). La burguesía hace el teatro como su propia casa: la gran araña central, la embocadura dorada, el raso y el terciopelo, los acomodadores vestidos como servidores, y el *foyer* y el *ambigú;* y los palcos, y las conversaciones, los encuentros, los abonos. Lo que ve en el escenario es su propio reflejo. No excluye enteramente su propia crítica: dentro de su círculo, el teatro cumple el papel moderador y corrector. Aparecen sus temas característicos: el pagaré, el ascenso de la clase industrial, la herencia económica y la genética, el adulterio, los matrimonios de interés, la educación de los hijos, los entronques de familia, la caída de la aristocracia. Pero sobre todo aparece y se consagra una manera de hacer teatro.

Apenas se puede insinuar aquí, a falta de pruebas mayores, que hay una forma de organización interna del teatro y de su contenido que corresponde a sus propietarios de cada momento. La organización que le da el dominio burgués es muy característica: hay un empresario que administra y obtiene sus propios beneficios y que supone un filtro (hoy diríamos una censura) para que *su* público vea siempre aquello que desea: el local sería su casa y el público sus invitados, a los que debe ser grato; tiene una compañía estable, y esta compañía tiene un repertorio; generalmente tiene un circuito para sus giras en provincias, en las que no puede faltar San Sebastián, adonde se trasladan sus espectadores —y el Rey, y el Ministerio de Jornada— en verano. El filtro es delicado: se miden las novedades que puedan parecer excesivas. La organización del drama que se representa responde a estas características que emanan de la familia burguesa y de su concepto del mundo: suele haber un protagonista o una protagonista: en todo caso, una pareja, cabecera de cartel, de primeros actores, sobre los que recae el atractivo principal; y una damita joven, un galán, una característica, un barba, algún gracioso. Más personajes episódicos. Todo ello es la base esencial para el trabajo del autor. Es la gran época del teatro *de encargo.* El autor escribe *pensando en:* la primera actriz o el primer actor, el empresario, el público característico, el género, las posibilidades del local. Y tiene que tener en cuenta una preceptiva: la división en tres actos, las reglas aristotélicas de las tres unidades, el ritmo de exposición, nudo y desenlace; la necesidad de las escenas de antecedentes, la justificación de las entradas y salidas de los personajes, la forma de acabar cada uno de los actos y, sobre todo, el tercero... En ese molde tiene que meter su pensamiento, su pequeña tesis o su moraleja; dar credibilidad a los per-

sonajes, hacer que los papeles sean «lucidos» y, en fin,
escribir bien, dialogar bien. A cambio de esto obtiene un
reinado. Puede llegar a ser absoluto: a Benavente le besa-
ban la mano por las calles y los señores se quitaban el
sombrero cuando pasaba. Todavía no ha aparecido, o
tiene un papel secundario, el director de escena: suele
ocuparse de ello el primer actor, pero, sobre todo, el
autor, que ha marcado ya minuciosamente en sus acotaciones la disposición del escenario, los movimientos y
hasta los gestos de los actores.

De ese momento, y de esas dificultades reales, nace el
mito de la especifidad del autor de teatro y de su diferenciación con los *escritores*. Se considera que el autor nace,
que se forma en un oficio determinado, que tiene instinto
o intuición, que es un ser aparte: los simples *escritores* re-
sultan *irrepresentables*. Valle-Inclán, por ejemplo. Los escritores varían su actitud con respecto al autor: desde el
desdén por un oficio menor —como hace Pérez de
Ayala— hasta la humildad de buscar como pueden su
forma de hacer teatro al que no renuncian (el dinero, la
popularidad y algún móvil psicológico probablemente
más importante): Azorín colabora con Muñoz Seca (un
desastre) para que en su calidad literaria entre el «oficio»,
la «teatralidad» que necesita y que no sabe fabricar por sí
mismo.

Puede decirse que este es el momento de mayor es-
plendor del teatro en España y en Europa; es, también,
el principio de su agonía. En su perfección está su
muerte. Hay dos sucesos paralelos: la transformación de
la burguesía, su desaparición como clase dominante y,
desde luego, como clase intelectual, junto con la aparición de ideologías de masas; y el cierre cada vez más es-
trecho del círculo teatral. Están en consonancia. La II República es una revolución burguesa que ocupa el lugar de
una corte hundida, de unos estamentos antiguos, y hace
valer como fuerza su propiedad industrial y comercial; la
guerra civil y la victoria de Franco constituyen una se-

gunda revolución burguesa que se defiende de un descla-
samiento. Ya es enormemente defensiva. La segunda
oleada de teatro burgués que comienza a producirse en
los «cuarenta años»: el barrido de los autores de la República, el reforzamiento de los empresarios, el sistema de
censura rígida, los teatros de estado, caracterizan esa
nueva etapa. Hay, sin embargo, una infiltración: como
antes queda dicho, hay una erosión del sistema y por esa
erosión pueden aparecer autores con alguna cosa que
decir. Son pocos. El teatro se ha esclerotizado, no tiene
ofertas nuevas: y esto coincide con el auge del cine y,
más tarde, con la aparición de la televisión. Simultáneamente hay una revolución interna.

La revolución interna del teatro en el mundo y, con
más retraso, pero inexorablemente, en España, coincide
naturalmente con la decadencia de la burguesía; es un
movimiento social y político. Hay un enfrentamiento directo con el autor como rey del teatro; lo hay contra el
gran actor, contra lo que se ha llamado «el monstruo sa-
grado». Hay unos elementos que parecen hacer posible
la revolución: los medios técnicos. La luz, el sonido, la
maquinaria escenográfica... Es curioso advertir cómo en
una revolución paralela el cine va conquistando la palabra, el diálogo, la expresión literaria, el argumento, la
narración: y el teatro comienza a abandonarlos. El teatro
busca el espectáculo, rehúye la palabra. Los nuevos creadores del teatro combaten la palabra cuando quieren
combatir aquello para lo que la palabra se ha utilizado.
Trata de desprenderse de la tiranía del autor: y se inventa
la creación colectiva y una división del trabajo. No es difícil hoy ver obras de teatro en las que el autor está super-
puesto por el director de escena, el dramaturgo —como
profesión nueva: antes, dramaturgo era sinónimo de
autor—, el traductor, el adaptador; y cómo el actor, pro-
pietario del único sonido que se escuchaba en el escenario, se ve ahora tratado por el foniatra, el músico, el soni-
dista; y por la lección de expresión corporal, de esgrima,

de relajamiento. En teoría, se ha producido un enriqueci-
miento. En la práctica, se ha conseguido una confusión.
Este tipo de teatro comenzó a practicarse cuando todavía
sobrevivía —y aún sobrevive— lo que hemos llamado
teatro burgués, y en forma de contestación. Uno y otro
se han influido enormemente.

Sobre todo, han destrozado sus economías. La descripción anterior del teatro burgués muestra claramente un
proceso de encarecimiento muy agudo. Correspondía a
la riqueza de la clase que lo creó y lo mantuvo; se suma-
ron las necesidades de técnica. Un escenario realmente
preparado para el teatro actual (cuya ventaja aparente es
la de que ya todo es representable, y se sustituye también
el artificio retórico del autor) es una fábrica complejísima
que requiere un personal muy especializado y un mante-
nimiento impecable (no es posible decir que en España
exista ningún teatro con esas condiciones en grado sufi-
ciente). Una compañía abundante, unas variaciones de
decorado, se hacen insostenibles. La clase que pagaba el
teatro caro ha ido desapareciendo como fuerza económica: ya no lo puede mantener. Además ha ido reci-
biendo desde el escenario el mensaje que no quería, la
crítica que no deseaba. Simultáneamente, los grupos in-
dependientes que trataban de crear el teatro paralelo no
pueden combatir el encarecimiento con un teatro pobre,
con unos actores que al mismo tiempo no desean la pro-
fesionalidad por motivos estéticos pero que no pueden
entregar una dedicación absoluta por motivos económicos. La busca de un público no burgués es difícil; no
lo hay, sobre todo, en las cantidades suficientes como
para pagar un precio remunerativo. Por este resquicio de
la pobreza ha penetrado el Estado. Es un Estado de país
pobre, bastante desprendido de nociones culturales a las
que concede unos presupuestos bajos. Falta una política
teatral y, al final de todo, lo que se llama el estado suele
ser un funcionario, dotado muchas veces de la mejor voluntad, e incluso de un conocimiento de la materia, pero

limitado por sus preferencias, por sus gustos personales, por su misma conciencia de lo bueno y lo malo; o por presiones, por miedos, por inseguridades. Pero ha quedado claro que hoy no se puede hacer teatro sin contar con el Estado, y al mismo tiempo que el Estado —y otras instituciones: autonomías, ayuntamientos, cajas de ahorro— es insuficiente si el público no acude.

Pero el público tiene sus necesidades de representación de sí mismo, de su abstracción social, de su grupo de problemas, por otros medios. Queda por discutir si son otros medios o si es el mismo medio. Es decir, si el teatro que comienza en Occidente con una leve incorporación técnica —el coturno, el pelo, la máscara— va desarrollando esa técnica hasta llamarse cine, televisión, vídeo. La distinción entre teatro y otros medios de representación narrativa puede no ser más que académica. El teatro no estaría muriendo, sino transformándose: la sociedad —mucho más amplia que el sector burgués, o cualquiera de los sectores anteriores que han sostenido esta forma de expresión y reflexión— recibe el mensaje dramático de una forma que le satisface más y que resulta más a su alcance. Hay datos suficientes de que se trata de lo mismo: entre otros, la participación de las mismas personas. Fernando Fernán-Gómez es un ejemplo de «hombre de teatro» —actor, director, autor— que está desarrollando su biografía no sólo en el teatro por antonomasia, sino en el cine, la televisión y la radio. No es un caso único sino, al contrario, muy extendido. La profesión parece ser la misma.

AGONÍA Y ESPERANZA

Hay, sin embargo, un resquicio para el teatro-teatro, se suele aludir en su defensa —más bien apasionada que razonada— que tiene unos determinados valores de artesanía que no dan los otros medios: la espontaneidad, la observación de un trabajo directo, la capacidad de establecer una comunicación irrepetible entre escena y platea. Es así, pero también se está perdiendo. En su peculiar forma de muerte el teatro va dejando agonizar estas posibilidades, y no sólo las abandona, sino que contribuye a su extinción. Se dice antes que una gran parte del teatro actual está basado en la técnica y esa técnica lo mecaniza. Los computadores que programan luces y sonidos actúan ya por su cuenta: sólo el fallo, la «chapuza», la todavía impericia de la transformación de los auxiliares conserva algún suceso no deseado que puede dar la impresión de espontaneidad, de imprevisto. El actor viene siendo objeto desde hace años —desde la revolución sociopolítica contra los divos— de una mecanización por parte de métodos, sistemas de enseñanza, despersonalización, y por las órdenes del director. Hoy es muy difícil saber si un actor está interpretando mal su papel o el responsable es el director que lo ha marcado de esa manera. Se ha perdido la voz: por una parte, las enseñanzas se dirigen más a la expresión corporal —como consecuencia de la revolución teatral— que a la emisión de voz. Por otra, los micrófonos y amplificadores utilizados en los otros medios de representación dramática han dañado esta facultad del actor. El idioma castellano —en el que se ha producido y se produce aún la inmensa mayoría del teatro en España— sufre desde hace años una pérdida considerable de valores prosódicos y de vocabulario, y no sólo en el teatro.

El resquicio que queda es el de la temática. Los grandes medios de expresión dramática cuentan su público por millones: se desarrolla, por tanto, en temas generales, en temas eternos que abarquen a todos. Se les escapa la expresión de minorías: regiones o barrios, culturas minoritarias, problemas peculiares. No tiene ese teatro posible que renunciar a la universalidad, que se desprende, cuando es bueno, de su propia calidad. Pero tendría que hacer ese ejercicio de humildad. A condición de que sea capaz de salvarse de la ruina de la burguesía, de la intromisión del Estado, de la carestía creada, de la hibridación de los sistemas actuales. Es decir, a condición de que consiga algo que nunca le fue muy grato: la humildad.

FERNÁN-GÓMEZ Y SU ÁMBITO

Fernando Fernán-Gómez aparece en el teatro, personalmente, en el momento en que se inicia la segunda revolución burguesa, al terminar la guerra civil; pero incorpora la tradición familiar —y de lecturas, y de experiencias de infancia— de la época anterior. «Allá por los lejanísimos años de la posguerra de la primera guerra mundial —cuenta Fernán-Gómez—, una muchacha madrileña, hija de una costurera y de un regente de imprenta, se colocó de mecanógrafa en una tienda, me parece que de máquinas de escribir, que había entre Tribunal y la glorieta de Bilbao. Por dicho establecimiento acertó a pasar el representante de la compañía teatral Guerrero-Díaz de Mendoza, quien, impresionado por la belleza y la buena planta de la muchacha, Carola se llamaba, le hizo casi una deshonesta proposición: que se dedicara al teatro, ingresando en la compañía de mayor prestigio, donde tendría como maestra de su nuevo oficio nada menos que a doña María Guerrero (...), puso el grito (en el cielo) el regente de imprenta cuando se enteró de que su hija quería dedicarse a un oficio tan lleno de peligros para una chica joven y guapa» («El olvido y la memoria», autobiografía de Fernán-Gómez publicada en *Triunfo,* enero de 1981). No puede descartarse que la dedicación al teatro del personaje de «Manolita» en *Las bicicletas son para el verano* y la discusión familiar sean una reproducción, consciente o inconsciente, de esa situación de su madre, y que la defensa que hace «Don Luis» de esa vocación («Además, yo quería escribir obras de teatro, ¿no te acuerdas? Y si las hubiera escrito, las habrían tenido que hacer los cómicos. Entonces ¿cómo voy

a querer que no haya cómicos? ¿Y por qué voy a querer
que se metan a cómicas las hijas de los demás, pero no
mi hija? ¿Con qué derecho?») sea la de su propia
madre, Carola Fernán-Gómez. Toda la obra está llena de
esas resonancias autobiográficas, de esas vivencias.
Nacido durante una gira de la compañía por América
—en Lima, pero inscrito en Buenos Aires; todavía, en el
momento de escribir estas líneas, no ha conseguido la
ciudadanía española de derecho, aunque es estrictamente
español—, educado «en pensiones de cómicos y casas de
amigos», fascinado por «el misterio, la lejanía, la belleza» de su madre. Y por el sistema, la forma de producción del teatro de la época burguesa. A esa llamada teatral
por la vía de la tradición unía otra: la de escritor. Una representación de colegio —un papel en una obra de Vital
Aza— y una máquina Corona portátil iniciaban la doble
vocación. Y la calle. «La calle de Álvarez de Castro, con
sus dobles filas de acacias frágiles, que hoy ya son ro-
bustas, con su suelo de tierra, que nosotros, los chicos
de la calle, vimos asfaltar...»

Recuerdo, creo que recuerdo a Fernando por la calle
de Álvarez de Castro. Vivía yo en Eloy Gonzalo, con mis
balcones sobre la calle de Álvarez de Castro, él, en la
casa donde estaba el taller del santero. Nos separaban
unos metros; también unos cuantos años, muy pocos,
pero que a esas edades separan mucho. El penacho rojo,
la nariz adelantada, el cuerpo alto y escuálido, no pasaban
inadvertidos en el barrio. Le recuerdo, creo que le recuerdo, hablando en el pequeño escenario de la Juventud
Católica Mariano-Alfonsiana: tengo retenida desde entonces —casi medio siglo— una sola palabra de lo que
dijo: mariposas. ¿Dio una conferencia sobre las mariposas, recitó algunos poemas, fueron las greguerías de
Ramón Gómez de la Serna? No lo sé; él, tampoco.
Hemos compartido el mismo paraíso —el barrio de la
niñez— sin apenas convivirlo. Era el barrio de Chamberí:
un cierto prestigio, un cierto casticismo. Un título de

Pedro Mata, que hacía con su novela *Chamberí* un poco lo que los escritores de París, ligeramente eróticos, costumbristas de costumbres prohibidas, querían hacer con Montmartre —Dekobra, Morand, Barbusse—. Chamberí no era Montmartre. Tenía algún breve recuerdo antiguo de chisperos y manolas de otros tiempos, algunos nombres de calles del Dos de Mayo, un cierto mundo de costureras, planchadoras, zurcidoras: oficios que ya apenas existen. Las menestralas... Tenía al presidente de la República: don Niceto Alcalá Zamora subía, andando, desde su casa del paseo de Martínez Campos hasta la Iglesia —la glorieta de la Iglesia— para oír misa de doce. Enfrente estaba el Cine Chamberí: mi primer cine. Recuerdo, no sé por qué, una sola película de entonces: *Rosas negras,* con la delgada y torturada belleza de Lilian Harvey. Tal vez allí también viera torturar a la princesa Tarakanova. Enfrente del cine, en un chaflán de la iglesia, un librero de viejo y, también, el recuerdo de un libro comprado: quizá se llamaba *Memorias de un asno,* y era también la vida torturada, apaleada, de un pobre animal. No sé por qué era tan sensible al dolor perpetrado sobre lo que me parecía indefenso: una educación sentimental.

El barrio —el barrio real, no sé si el Chamberí de las delimitaciones municipales— tenía confines muy amplios. Estaban los cafés literarios de la glorieta de Bilbao: la Cervecería Vinces, un poco republicana, con las gentes de *El Sol* y *La Voz,* los periódicos que habían puesto su casa en la calle de Larra; luego con los de *Arriba,* que se incautó de esa casa; el «Europeo» que sería el escenario de *La Colmena,* de Camilo José Cela, y donde presidía una tertulia Cansinos-Assens; el «Comercial», que todavía sigue reuniendo inconformistas con burgueses; el «Marly», que era ya moderno y oponía, a los cuartetos de cuerda y piano de los otros, un saxofonista negro, creo que el Negro Aquilino. No se sabe quién inventó la leyenda de que la hija del dueño de

«Marly» había tenido un niño negro, y la burguesía empezó a desertarlo...

En la calle de Fuencarral estaban ya dos cines —iban a multiplicarse—, el Proyecciones y el Bilbao. Y un teatro, el Fuencarral, donde en la guerra se daban zarzuelas: el general Miaja era asistente asiduo. Se contaba de una tarde en la que bombas o proyectiles de obús cayeron en el Fuencarral cuando se representaba *La Dolorosa* y uno de los actores, vestido de fraile, huyó por la calle de Fuencarral. Un fraile que corría en la guerra civil podía ser una importante cacería. La historieta terminaba con un chiste: un automóvil con las siglas C.N.T./F.A.I se precipitaba sobre el aterrorizado supuesto fraile y le metía dentro: «Venga usted, padre, que somos de los suyos.»

Por la parte alta estaban las ruinas del Cementerio de San Martín, el «Campo de las calaveras» en el lenguaje infantil. Era la explicación de por qué había en las proximidades talleres de santeros, de marmolistas, de carpinteros de ataúd. Muy próxima, la «Casita de los niños», una escuela donde las lavanderas del Canal de Lozoya dejaban a sus hijos (más tarde he comprendido que se trataba de una de las «Casa dei bambini» del sistema Montessori, patrocinado entonces por la Institución Libre de Enseñanza). Sobre un montículo, apretado ya por las casas nuevas de la calle de Bravo Murillo. Todavía el barrio tenía una parte de campo, de tierra y yerba. Había vaquerías, dentro de las casas, en los pisos bajos: se podía ver, al pasar por las calles, vacas asomadas a las ventanas. Y caras de caballo en la funeraria —que todavía existe— de la calle de Galileo, puesta también allí por la proximidad del Cementerio de San Martín...

Me detengo un poco en este inventario de recuerdos porque es el ámbito de la infancia y la juventud de Fernando Fernán-Gómez y porque *Las bicicletas son para el verano* está localizada en él. Ahí es donde se cifran las vivencias, los trazos de autobiografía sublimada que Fernán-Gómez distribuye entre sus personajes, las refe-

rencias de lugar, de lecturas, de películas. Un trozo de
Madrid que iría desde la Moncloa y la Ciudad Universitaria hasta el «Ojo de Lagarto» que, según la referencia de
Fernán-Gómez, estaría situado por lo que entonces se
llamaba Hipódromo, donde ahora está el Museo de Ciencias Naturales, por donde estos chicos de la calle del
barrio de Chamberí llegaban a encontrarse con una pequeña aristocracia intelectual, los del Instituto-Escuela
de la calle de Serrano (hoy Instituto Ramiro de Maeztu).

Allí se formó Fernán-Gómez «liberal, anarquista, ca-
tólico —éste era un concepto político— y un poco de derechas por parte de madre, aunque nunca conseguí ser
monárquico como ella». Vivió los acontecimientos políticos, y esa extrañísima experiencia de la vida cotidiana
que fue el Madrid cercado, hambriento, bombardeado
en la guerra civil; y el Madrid de la Victoria, cuando la
ciudad empezó a transformarse en otra cosa. Allí escribió
sus primeros y sus segundos versos; y todavía en la calle
de Álvarez de Castro —la primera casa de su primer matrimonio— reunió al jurado del premio que él dotó con
el dinero que ganaba como actor de cine y teatro: el Café
de Gijón. La carrera de actor comenzó, como queda
dicho, en el cuadro artístico de su colegio; se apuntó en
una escuela de arte dramático de la C.N.T —profesora
de declamación, la actriz Carmen Seco—; se inició en los
teatros de guerra —Pavón, Eslava— y culminó en la posguerra, en *Los ladrones somos gente honrada,* de Enrique
Jardiel Poncela, que escribió para él —para su físico pe-
cúliar— el papel del «Pelirrojo» (o lo adaptó, porque entonces las obras se adaptaban o se escribían para las dis-
ponibilidades de reparto de la compañía). De las manos
de Jardiel pasó a las del cine: un primer papel en *Cristina
Guzmán, profesora de idiomas* (novela de moda, novela
rosa con un poco más de literatura de lo habitual, de
Carmen de Icaza, adaptada al cine por Gonzalo Delgrás y
producida por Cifesa). Vendrían después los grandes
éxitos: *Balarrasa, Botón de ancla.* «Once años de perso-

najes estúpidos, de películas casi siempre inocuas, de sueldos miserables, de hambre, de largas épocas de parada, de momentos —larguísimos momentos, momentos que no deben llamarse así— de desaliento, de desesperanza.»

En toda esta zona de su vida hay ya una continua versión doble de Fernando Fernán-Gómez: el actor de éxito y el intelectual algo oculto, algo soterrado: como si tuviera un poco de vergüenza de escribir o de decirse escritor, probablemente por la jactancia, el vocabulario, el brillo de algunos de los jóvenes creadores junto a los que se sentaba en el Café de Gijón. Tertulia de años.

Y un trabajo lento y cuidado hacia un teatro mejor, un cine mejor. Ya iniciado en unas sesiones de lo que entonces se llamaba «teatro de cámara»: funciones para un solo día —en el Instituto Italiano de Cultura—, guiones y dirección de películas propias, perdidas entonces en pequeños cines de barrio y conservadas ahora como joyas de filmoteca *(La vida por delante, El mundo sigue, El extraño viaje),* interpretación en la escena de textos mayores —Bernard Shaw, Tolstoi, Andreiev—; y una incorporación al cine nuevo: Armiñán, Erice, Saura, Gutiérrez Aragón. Un trabajo de escritor inclinado hacia el teatro: autor de *La coartada,* de *Los domingos, bacanal,* de *Las bicicletas son para el verano.*

Hay, en la semblanza de Fernando Fernán-Gómez, algunos rasgos que no hago más que apuntar: son conocidos. Está el talento brillante, comunicativo; un gusto por la paradoja, un encanto verbal, de cuentista de zoco, por la narración de situaciones. Su sensibilización por la mujer: su capacidad, digamos, de gran amor. Una elegancia indumentaria que no le lleva nunca al dandismo. Un desprendimiento por su propia obra que a veces parece suicida (de otra forma su calidad de escritor hubiese resplandecido mucho antes). Un profundo sentido de la amistad: amigos que le duran lo que dura la vida. Una extraña forma de conjugar estas ideas un poco fantásticas

—literatura, teatro, amor, amistad— con el sentido de la
realidad. Una dialéctica de atracción-repulsión por el
dinero. Una afición descarada al sueño largo, al baño
largo, a la conversación larga: es decir, lo que parece una
inclinación desmedida hacia el ocio, de donde ha nacido
la leyenda de su pereza. La pereza, como se sabe, no
existe de una manera intrínseca en nadie: existe solamente una falta de estímulos, y Fernán-Gómez repudia
el trabajo cuando los estímulos —no económicos, necesa-
riamente— son escasos: cuando son elevados esos estímulos, aunque puedan resultar inútiles para su vida material, trabaja incesantemente.

LAS DUDAS DEL REALISMO

Las bicicletas son para el verano es una obra para cuya
escritura su autor ha encontrado, al parecer, suficientes
estímulos: el estímulo del escritor semiclandestino, el de
contarse pudorosamente a sí mismo y su tiempo. No es
una obra fácilmente clasificable. Fernán-Gómez dice que
es una obra de «antihéroes» («la existencia cambia para
ellos, pero pueden seguir viviendo a pesar de todo») y la
considera como «una comedia de costumbres, a causa de
la guerra, algo insólitas» (declaraciones a *La Vanguardia,*
de Barcelona, 21 abril 1982). Francisco Umbral, en notas
al programa del estreno y en escritos sucesivos, ha explicado que no cree que sea una obra realista. No lo es exactamente. Habría quizá que decir que la vida diaria en el
Madrid de la guerra civil no era realista aunque fuera
real: es decir, que la introducción de algunos factores tre-
mendos en lo cotidiano forzaban una imaginación, una
torsión de comportamientos en quienes la vivían. Era
fantástica. Pero no es ese el único factor que la aleja del
realismo: es su condición de recordada, de escrita desde
otra época, desde otra mentalidad distinta, sabiendo ya el
resultado final de aquella presión y de aquel esfuerzo. Se

han citado como antecedentes posibles de *Las bicicletas son para el verano* dos —entre las muchas— obras que podrían dar una línea teatral, una dinastía del género: *La calle,* de Elmer Rice, y la *Historia de una escalera,* de Buero Vallejo. Es un sistema de corte escénico de un fragmento de realidad y un teatro de antihéroes. La diferencia de la obra de Fernán-Gómez con estas otras es, como queda dicho, su carácter de recuerdo o de evocación —que no solamente actúa en el autor, sino también en el lector o espectador, puesto que se mezclan acontecimientos directamente conocidos o escuchados de viva voz por quienes los conocieron— y la condición de «insólito» del fragmento de vida recordado y teatralizado en lugar de ser «característico»; pero hay también un factor genuino que es la traslación en el tiempo de los personajes, no propia de las obras de realismo social. Los personajes de Fernán-Gómez comienzan su vida escénica en días indudablemente amenazadores, pero de cuyos acontecimientos no se sospecha que van a producir una alteración tan profunda y tan dramática, y al mismo tiempo tan relativamente pausada —sobre tres años— en sus propias vidas. El enlace de la primera y la última escena en un mismo lugar de acción, la inversión de las palabras que las mismas personas pronuncian en el mismo lugar con menos de tres años de diferencia, dan una versión de la profundidad no realista de la obra. Querría advertir que al señalar estas diferencias sobre los antecedentes que se pueden citar no trato de hacer ningún juicio de valor, de «mejor» o «peor» entre unas y otras, sino simplemente definir que no se trata exactamente de lo mismo.

Por otra parte, habría que entrar en la vieja y continua polémica sobre el realismo en el teatro. Habría que señalar que, más allá de escuelas, bandos o fanatismos, el teatro realista no ha existido nunca, puesto que su propia preceptiva, su mecanismo, el alejamiento básico por la disposición del escenario y la sala, y por la introducción de distintas técnicas, la compresión de tiempo y espacio, las obligaciones del oficio de autor y del oficio de actor, no permiten en ningún caso la sospecha de realidad absoluta. Y al mismo tiempo habría que decir que ninguna de las formas de teatro que han querido librarse de la realidad lo han conseguido en el último siglo. En muchos casos se ha llevado la lucha hasta el extremo. Pero en todos hay una referencia última a la realidad, a una forma cualquiera de ver lo humano. Probablemente el solo hecho de que esté interpretado el teatro por seres cotidianos, por actores, trae siempre la realidad a la escena: por mucho que se les embadurne, que se fuerce su anatomía, su voz, sus movimientos, su aspecto; todo ello es a partir de una realidad de hombres y mujeres que no les abandona nunca, y va dirigido a una realidad de hombres y mujeres —espectadores— que tampoco pueden salir nunca de ella.

Estas condiciones son bastante visibles en *Las bicicletas son para el verano*. La guerra civil lleva a los personajes a situaciones de las que habitualmente se consideran inhumanas; a una reducción de formas civilizadas, a una especie de regreso a lo instintivo. Las leyes de la lógica, de la razón, se han alterado; pero también con una referencia básica a una realidad que podemos llamar civilizada. La lógica es otro factor que existe siempre en el teatro —cuando no es la lógica común, es la inventada por el autor, y ha de obedecer inexorablemente a ella: es una realidad superpuesta— y del que no se puede prescindir.

La lógica que da mecanismo a la obra de Fernando Fernán-Gómez, al fragmento de vida reflejado —y prescindamos ahora de si con realismo o fuera de él—, es la de que hay un grupo de personajes reunidos por una convivencia artificial o de relativo azar dentro de un drama que les es externo pero que presiona sobre ellos. La relatividad del azar o del artificio se refiere a que, siendo vecinos de una misma casa, pagan unas rentas similares (las diferencias son escasas entre mejores y peores pisos, entre propietaria e inquilinos) y, por lo tanto, pertenecen a una clase social muy igualada. Son todos viejos vecinos —se puede suponer que los jóvenes han nacido allí—: comparten, por lo tanto, el mismo ámbito, la misma ciudad, el mismo barrio, lo suficientemente aludido como para que sea concreto y se refiera a una zona de clase media. Convenir, como queda hecho antes, que todos son también abstracción del propio Fernán-Gómez, y que todos viven en su memoria y en su recuerdo, quizá que son él mismo (el director de escena de la obra, José Carlos Plaza, encuentra que «hay cuatro personajes que son él: el padre (...), el hijo, un anarquista (...), un vecino que es la parte tímida de Fernando»: son los que en el reparto llevan los nombres de «Don Luis», «Luis», «Anselmo» y «Julio»), sería, en el fondo, buscar otra forma de identidad bastante común en la creación literaria. En este sentido, la situación de *Las bicicletas son para el verano* es la misma que se repite en las obras —teatro, novela, cine— en las que los personajes se encuentran reunidos en un cierto espacio estanco —barco, avión, tren— sometido a un trance extremo: unas fuerzas *naturales* —tormenta, avería, aislamiento forzoso— o *sobrenaturales* —de orden metafísico—. Apurándolo todo, lo mismo da que esas fuerzas sean de un orden o de otro: sólo serviría para calificar al autor o para exagerar las condiciones simbólicas de los personajes (aquí también habría que aproximar mucho realismo o falta de realismo, porque lo que resulta en cualquier caso es una situación-límite que modifica los comportamientos).

LOS INOCENTES

Probablemente extrañará que un acontecimiento como una guerra civil en la que no solamente aparecen con una responsabilidad *todos* los españoles, sino que su desenlace pueda influir definitivamente en el desarrollo posterior de las vidas de cada uno de ellos (como se ve en la propia obra y en el desarrollo posterior) pueda ser considerado como externo. Sin embargo, es un dato real, y al mismo tiempo uno de los principales atractivos de una tragedia sin culpables. En la guerra civil, concretamente en Madrid durante los años del cerco y sobre todo pasados los primeros momentos, había una generalización de estas pequeñas unidades de convivencia, en las que las alusiones a los bandos y a las ideologías podían no pasar de impertinencias educadas, de ironías más o menos fuertes, que podían resolverse en una especie de ayuda mutua y a veces, por qué no, en algunos pactos o negociaciones implícitos —en algún momento de la comedia se hacen explícitos— de intercambio de favores según las alternativas de la guerra. Esta inocencia de todos puede haber hecho pensar a algún crítico que «... tampoco Fernando Fernán-Gómez se ha propuesto tomar partido por ningún bando, sino reflejar la nostalgia de su niñez en el Madrid de la guerra...» (Manuel Díez-Crespo en *El Alcázar,* 27 abril 1983; no sin hacer constar que él tiene su propio punto de vista: «... yo siempre echaré la culpa de aquel desastre, no al alzamiento militar del 36, sino a los propios partidos republicanos...»), lo cual parece un error. La representación de una toma de partido por parte de Fernán-Gómez puede estar no sólo en la expresión de ideas y pensamientos por parte de los personajes —dos o cuatro, da igual— en los que parecen contenerse sus vivencias sino en la misma gradación interna de la obra: un aumento considerable de las esperanzas en cada uno de los personajes esenciales, una mejora espiritual de vida —simultáneamente a la degradación de la vida material— que claramente termina con los últimos acontecimientos de la obra y del fragmento de historia que relata o que trasciende sobre la casuística de una docena de vidas humanas. Lo importante, y lo que puede inducir al error, incluso a una ceguera deliberada, es el contraste de esa ideología profunda con el amor, el respeto y la solidaridad con los inocentes, con los compañeros de hambre, de muerte, de incertidumbre y miedo que pueden llegar por las acciones de los dos bandos: la razón o la sinrazón de cada uno de esos bandos transcurre en la obra por otra vía de expresión.

TEATRO DE AUTOR

Por lo esbozado, y por una insistencia explícita que se puede hacer ahora, debe quedar claro que se trata en este caso de *Las bicicletas son para el verano* de «teatro de autor». Según la consideración del arte teatral en los milenios anteriores de la civilización occidental, esta consideración sería naturalmente obvia. Pero queda dicho que en los años recientes hay una revolución, que esa revolución atenta personalmente contra la jerarquía del autor y el protagonismo del actor, y que se produce como consecuencia de esa revolución y de una dinámica simultánea —la pérdida de la propiedad por parte de la burguesía, la entrada de la técnica, la concurrencia de otras formas de teatro (o de representación)—; y todo ello conduce a lo que en principio parece una contradicción: la división del trabajo por una parte, la aparición en forma de dictadura de la personalidad del director. Todo ello conduce a la disminución del valor del texto. Hay teóricos que hablan ahora del texto como «memoria de la representación»; hay escritores de texto que consideran su producción como «propuesta para una representación». La coincidencia de estas circunstancias con la caída actual del teatro no están suficientemente claras o, por lo menos, no es este el lugar para entrar en esa duda. Puede ser una causa de la decadencia; puede ser una consecuencia (es decir, una necesidad de buscar otros sistemas), puede ser, simplemente, una cierta transformación de toda la sociedad de Occidente. Tampoco habría que apurar demasiado el hecho de que la aparición de un teatro de autor, de un teatro de texto, como es *Las bicicletas son para el verano* produzca un extraordinario éxito y una afluencia poco común de espectadores. Lo que sí sucede es que una edición de un texto es, por sí misma, una consideración prácticamente única de ese texto y las circunstancias históricas y sociales en que se produce. De ninguna manera se puede obviar aquí que la recepción de las representaciones por parte del público incluyen una dirección y una escenografía, además de una interpretación. Pero tampoco se puede desconocer que dirección (o montaje, según el galicismo ya adoptado), escenografía e interpretación son elementos variables para el futuro y, aunque puedan modificar el texto con su contexto o su interpretación, el texto es permanente.

Podría, en este caso concreto, acumularse en la persona de Fernando Fernán-Gómez la condición de autor con la de actor y director de escena. En otros tiempos, en grandes tiempos de la escena —Lope de Rueda o Molière, pasando por Shakespeare; llegando incluso en nuestros días a casos como el de Marsillach o como el de Dario Fo—, la coincidencia ha sido tan habitual como para interrogarse acerca de ella. La diferenciación en la obra de Fernán-Gómez es que en ella no ha actuado personalmente como director ni como actor, es solamente un autor, y lo hace a la manera clásica: un texto enteramente construido, con su «dramaturgia» —es decir, como una concepción enteramente teatral de lo escrito y pensado con su desarrollo escénico, división en personajes, situaciones—, con las acotaciones necesarias en cuanto a decorado, movimientos y gestos de los personajes, énfasis en la pronunciación de determinadas frases o palabras, etc. Todo ello está contenido en el texto. Digamos, de paso, que hay tres textos con variantes escasas: aquel que fue escrito para la presentación al premio «Lope de Vega», el que el propio autor preparó después para la representación y con relación a las posibi-

lidades de reparto y de escenografía, incluso de duración
del espectáculo en tiempo real; y un tercer texto con las
modificaciones surgidas durante los ensayos por razones
de caracter técnico. El que se ha elegido para esta edición
es el segundo, que es el que su autor considera como definitivo. Las variaciones en lo que podríamos llamar
tercer texto no son definitivas y quizá sufrieran otras alte-
raciones con relación a posibles montajes futuros, es
decir, a otras necesidades escénicas, incluso a otras posibilidades de reparto. Sí interesa subrayar que no hay dis-
tancias de consideración, y que puede hablarse claramente de un texto de autor, sostenido y respondido por
él, cosa que no es tan frecuente en las actuales condiciones del teatro español. Las explicaciones del autor y
del director de la versión estrenada en el Teatro Español
acerca del trabajo conjunto han sido escasas. José Carlos
Plaza acepta la presencia de Fernán-Gómez «no sólo
como autor, sino en la puesta en escena, porque me ha
ayudado en muchos ensayos, matizando y aclarando conceptos que yo, como no he vivido la guerra, tal vez dramatizaba excesivamente. Fernando me ha dicho que no,
que resultaban ya como habituales. En otros casos, yo
los dramatizaba demasiado poco y para él eran importantes. Hemos logrado una buena colaboración» (*La
Vanguardia* citado). Fernán-Gómez ha dicho: «También
he descubierto que un montaje como el de José Carlos
Plaza, que ha sabido unir una puesta en escena especta-
cular con la cotidianidad del texto, puede atraer a la
gente» (declaraciones a *El País,* 26 septiembre 1982).

Queda dicho que esta obra obtuvo el premio «Lope de
Vega», viejo premio del Ayuntamiento de Madrid que
por lo menos dos veces en su larga historia ha logrado
cambiar el rumbo del teatro en España, al descubrir a autores como Alejandro Casona y Antonio Buero Vallejo
—independientemente de sus evoluciones posteriores—.
Esta sería la tercera si se aceptase que la obra de Fernán-
Gómez representa una forma de regreso al teatro de

autor, una determinada supremacía del texto, una contracción en el sistema de división del trabajo, y un reconocimiento de la necesidad de reconocimiento del público en la escena, incluso una aglomeración de distintas capas de la sociedad española en una categoría de espectadores. El tiempo dirá cuál es su validez, y si las circunstancias de la vida del arte teatral y de la evolución de la sociedad española no son ya demasiado avanzadas. El hecho de haber modificado en tres épocas sucesivas el camino del teatro español, y la coincidencia de esas modificaciones con determinadas circunstancias históricas —la República, el tiempo difícil de la posguerra y la afirmación de la democracia— en medio siglo son suficientes para calificar de valioso el sistema de ese premio.

Pero el hecho de que *Las bicicletas son para el verano* hayan sido escritas expresamente para el «Lope de Vega» —premio que comportaba en ese momento el estreno en el Teatro Español; la cláusula ha desaparecido y puede llegar a ser causa de la desaparición de la importancia del concurso— indica algo más: que las dificultades de reparto, escenografía, tema, sentido contra la corriente actual del teatro requerían, aun en una persona tan introducida en el medio, un teatro institucional, e incluso la existencia para llegar a él de un concurso abierto. Hay que señalar también que, después del éxito popular y de crítica, le ha sido muy difícil continuar representándose, por condiciones específicas del teatro institucional; y que, después, ninguna de las diversas tentativas para llevarlo a la empresa comercial ha podido prosperar (la última por negativa expresa del director José Carlos Plaza que, al encontrarse fuera de España, no ha querido que otras personas llevaran a cabo el trabajo de adaptación a un nuevo reparto, del cual él asume una responsabilidad total).

Con todo lo cual se quiere decir que las dificultes de reconstrucción renovadora del teatro español, del acceso a él de autores, y los diversos debates sobre la propiedad

—propiedad del teatro en general, propiedad de la obra escénica en particular— siguen siendo graves, y que las dependencias del arte teatral no sólo no han disminuido, sino que han aumentado hasta hacerlo prácticamente imposible.

Consideraciones un poco marginales en este caso, relato más bien de la aventura de *Las bicicletas son para el verano* que referencia a su propio texto. Que es lo que se ofrece aquí.

EDUARDO HARO TECGLEN.

LAS BICICLETAS
SON PARA EL VERANO

A EMMA,
compañera de mi mejor verano.

Estrenada en el Teatro Español de Madrid, el 24 de abril de 1982, con el siguiente reparto

REPARTO

Don Luis.	Agustín González
Doña Dolores.	Berta Riaza
Luis.	Gerardo Garrido
Manolita.	Enriqueta Carballeira
María.	Pilar Bayona
Pablo	Alberto Delgado
Doña Antonia.	María Luisa Ponte
Doña Marcela	Mari Carmen Prendes
Anselmo.	Fernando Sansegundo
Pedro	Juan Polanco
Julio	José María Muñoz
Basilio	Antonio Álvarez Cano
Charito	Margarita Migueláñez
Doña María Luisa	María Jesús Hoyos
Ambrosio	Julián Argudo
Don Simón	Francisco Ruiz
Maluli	Sandra Sutherland
Rosa	Mar Díez
Laura.	Concha Martínez
Josefa.	Antonia Calderón
Vecino	José Gómez
Vecina 1	María Molero
Vecina 2	Ana Guerrero

Escenografía: Javier Navarro.
Dirección: José Carlos Plaza.

PRIMERA PARTE

PRÓLOGO

Campo muy cerca —casi dentro— de la ciudad. Cae de plano el sol sobre los desmontes, sobre las zonas arboladas y los edificios a medio construir. Se oye el canto de los pájaros y los motores y las bocinas de los escasos coches que van hacia las afueras.

> *(Por las carreteras sin asfaltar, por los bosquecillos y las zonas de yerba, pasean dos chicos como de catorce años,* PABLO *y* LUIS. *Llevan pantalones bombachos y camisas veraniegas.)*

PABLO. —Me ha dicho Ángel García que a él le ha gustado un rato. Es de guerra, ¿sabes?

LUIS. —Ya, ya lo sé.

PABLO. —A mí son las que más me gustan.

LUIS. —¿Vas con tus padres?

PABLO. —Sí, como todos los domingos. Se han empeñado en ir al Proye.

LUIS. —Pero ahí echan *Vuelan mis canciones.*

PABLO. —Claro, por eso. Me han mandado a las once a la cola, pero yo he sacado las entradas para el Bilbao. Luego les digo que en el Proye ya no quedaban, y listo [1].

---

[1] «Proye» es el Cine Proyecciones. Con el Bilbao, citado antes, siguen estando en la calle de Fuencarral, entre las glorietas de Bilbao y Quevedo. Sitúan el lugar de la acción, el barrio de Chamberí; y las pelí-

Luis.—Se van a cabrear.

Pablo.—Sobre todo mi madre. Las de guerra no las aguanta.

Luis.—La mía tampoco. Le gustan sólo las de amor.

Pablo.—¿Tú cuál vas a ver?

Luis.—Yo, *Rebelión a bordo,* de Clark Gable.

Pablo.—Todavía no la he visto. Debe de ser de piratas.

Luis.—Sí; a mí, por las fotos, eso me ha parecido.

Pablo.—¿Vas con Arturo Romera?

Luis.—Sí. Vienen también Ángel García y Socuéllamos.

Pablo.—¿Y Charito y Coca van a ir con vosotros?

Luis.—No las han dejado en sus casas.

Pablo.—Os habrán dicho eso. Seguro que se van con los del Instituto Escuela.

Luis.— *(Con un falsísimo encogimiento de hombros trata de simular indiferencia.)* Bueno.

Pablo.—Ayer estuvimos en el Ojo del Lagarto y estaban allí con ellos [2].

Luis.—Sí. Van todas las tardes. *(Quizá para cortar la conversación, se deja caer por un pequeño terraplén al que han llegado.* Pablo *le sigue.)* ¿Y novelas de guerra has leído? Yo tengo una estupenda.

Pablo.—¿Cómo se llama?

---

culas enunciadas, la fecha: el verano de 1936. La preferencia por *Rebelión a bordo* frente a *Vuelan mis canciones* (una fantasía sobre la vida de Schubert, interpretada por los cantantes Jan Kiepura y Marta Egghert) subraya la tendencia a la aventura de los personajes, dentro de un ambiente de época.

[2] El Instituto Escuela fue una creación de la Institución Libre de Enseñanza para aplicar sus métodos al Bachillerato. Estaba en la calle de Serrano; es hoy el Instituto Ramiro de Maeztu. Las alusiones marcan la diferencia entre los muchachos de barrio y los de una cierta aristocracia intelectual. El «Ojo de Lagarto» lo sitúa el autor en las inmediaciones del actual —y ya entonces— Museo de Ciencias Naturales; admite que el nombre podría habérselo dado su propio grupo infantil.

LUIS.—*El tanque número 13.* Si quieres, te la presto.

PABLO.—A mí no me gusta leer novelas. El cine, sí. En el cine lo ves todo. En cambio, en las novelas no ves nada. Todo tienes que imaginártelo.

LUIS.—Pero es como si lo estuvieras viendo.

PABLO.—¡Qué va! Y, además, son mucho más largas. En el cine en una hora pasan la mar de cosas. Coges una novela, y en una semana no la acabas. Son un tostonazo.

LUIS.—Pues yo en una novela larga, de las que tiene mi padre, tardo dos días. Bueno, ahora en verano, que no hay colegio. Y me pasa lo contrario que a ti: lo veo todo. Lo mismo que en el cine.

PABLO.—No es lo mismo.

LUIS.—Pero bueno, tú, cuando lees novelas verdes, ¿no ves a las mujeres?

PABLO.—Bueno..., me parece que las veo. Pero, ¡joder, si hubiera cine verde!

LUIS.—¿Y no te crees que las cosas que cuentan en esas novelas te están pasando a ti?

PABLO.—Sí, pero eso es otra cosa.

LUIS.—Es igual. Yo, ahora mismo, me acuerdo de *El tanque número 13* y puedo ver aquí los combates.

PABLO.—¿Aquí?

LUIS.—Sí, esto podría ser un buen campo de batalla. En aquel bosquecillo está emboscada la infantería. Por la explanada avanzan los tanques. Los tanques y la infantería son alemanes. Y allí, en aquella casa que están construyendo, se han parapetado los franceses.

PABLO.—Aquello va a ser el Hospital Clínico.

LUIS.—Ya, ya lo sé.

PABLO.—También habría nidos de ametralladoras.

LUIS.—Sí, aquí, donde estamos nosotros. Un nido de ametralladoras de los franceses. *(Gatean hasta la elevación por la que se han dejado caer. Imitan las ametralladoras.)* Ta-ta-ta-ta...

PABLO.—Ta-ta-ta-ta...

LUIS.—Primero avanzan los tanques. Es para preparar el ataque de la infantería... Alguno vuela por los aires, despanzurrado... ¿No lo ves?

(PABLO *le mira, sorprendido.*)

LUIS.—Aquel de allí... Es porque todo este campo está minado por los franceses... ¡Dispara, dispara, Pablo, que ya sale la infantería del bosquecillo! ¡Ta-ta-ta! ¡Ta-ta-ta!

PABLO.— *(Que se ha quedado mirando fijamente a* LUIS.) ¡Pero bueno, tú estás chalado perdido!

LUIS.— *(Suspende su ardor combativo.)* Hombre, no vayas a pensar que todo esto me lo creo.

PABLO.—Pues lo parece.

LUIS.—No es eso. Lo que quería explicarte es que si leo una novela de guerra, pues lo veo todo... Y luego, si salgo al campo, lo vuelvo a ver. Aquí veo a los soldados de *El tanque número 13* y de *Sin novedad en el frente,* que también la he leído. Y lo mismo me pasa con las del Oeste o las policiacas, no te creas... [3].

(*Por la expresión de* PABLO *se entiende que no tiene muy buena opinión del estado mental de su amigo.*)

LUIS.— *(Se ha quedado un momento en silencio, contemplando el campo.)* ¿Te imaginas que aquí hubiera una guerra de verdad?

PABLO.—Pero ¿dónde te crees que estás? ¿En Abisinia? ¡Aquí qué va a haber una guerra! [4].

LUIS.—Bueno, pero se puede pensar.

---

[3] Títulos como *El tanque número 13* y *Sin novedad en el frente* (esta última de Erich Maria Remarque) indican, como en el caso de las películas citadas, la preferencia por la violencia, a pesar de que las dos fueron novelas con intención pacifista.

[4] Abisinia-Etiopía. En guerra entonces contra la invasión italiana.

PABLO.—Aquí no puede haber guerra por muchas razones.

LUIS.—¿Por cuáles?

PABLO.—Pues porque para una guerra hace falta mucho campo o el desierto, como en Abisinia, para hacer trincheras. Y aquí no se puede porque estamos en Madrid, en una ciudad. En las ciudades no puede haber batallas.

LUIS.—Sí, es verdad.

PABLO.—Y, además, está muy lejos la frontera. ¿Con quién podía España tener una guerra? ¿Con los franceses? ¿Con los portugueses? Pues fíjate, primero que lleguen hasta aquí, la guerra se ha acabado.

LUIS.—Hombre, yo decía suponiendo que este sitio estuviera en otra parte, que no fuera la Ciudad Universitaria, ¿comprendes? Que estuviera, por ejemplo, cerca de los Pirineos [5].

PABLO.—¡Ah!, eso sí. Pero mientras este sitio esté aquí es imposible que haya una guerra.

LUIS.—Sí, claro. Tienes razón.

> (PABLO *y* LUIS *se levantan, se sacuden el polvo de sus pantalones bombachos y siguen su paseo.)*

PABLO.—Ahora, algunos domingos, podré ir al cine con vosotros. Mis padres se van de veraneo.

LUIS.—¿Y tú no vas?

PABLO.—Este año, no. Se han llevado sólo a mis hermanos mayores, a Jerónimo y a Salvador. Como me cargaron en tres, al bato se le ha metido en la chola que me quede aquí empollando.

LUIS.—¿Tú, solo en la casa?

---

[5] La Ciudad Universitaria fue, en efecto, y como se verá en el desarrollo de la obra, centro de combates durante años. Subraya la incongruencia de la guerra civil, aun vista a días de distancia de ella.

PABLO.—Se han quedado también mi hermana, que la han suspendido en dos, y la criada.

LUIS.—Nosotros no nos vamos de veraneo hasta agosto.

PABLO.—Y ¿adónde vais?

LUIS.—A La Almunia, en Aragón. Tenemos familia. Vamos todos los años.

PABLO.—¿Cómo lo pasas?

LUIS.—Bien. Tengo un primo, Anselmo; es mayor que yo, pero lo paso muy bien con él. Y también tengo amigos de los otros años.

(Siguen paseando.)

CUADRO I

Espacioso comedor en casa de DOÑA DOLORES. Es una casa modesta, pero muy cuidada y, se podría decir, adornada. No es la casa de un obrero, sino la de alguien que se cree de la clase media. Entra muy buena luz por los dos balcones, que dan a una calle ancha. Es verano y hace mucho calor en la casa

> *(Suena el timbre de la puerta. La criada, MARÍA, rostro bobalicón y carnes apretadas y bien dispuestas, va a abrir. Ruido de la puerta al abrirse y cerrarse. Rumor de voces. Vuelve a cruzar la criada.)*

MARÍA.—¡Señora, es doña Antonia! *(Y desaparece en dirección a la cocina.)*

> *(Entra en el comedor la recién llegada, DOÑA ANTONIA, una mujer menuda, gris y lacia. Tiene alrededor de cincuenta años. Se oye la voz de DOÑA DOLORES.)*

VOZ DE DOÑA DOLORES.—¡Hola, doña Antonia! ¿Necesita usted algo?

(Llega al comedor DOÑA DOLORES, *la señora de la casa. Es aproximadamente de la misma edad que* DOÑA ANTONIA, *pero más frescachona, más decidida o más despierta.)*

DOÑA ANTONIA.—No, hoy no. Buenos días, Dolores. Bueno, la verdad es que sí. Necesito charlar un poco, porque toda la mañana encerrada en la cocina, no hay quien lo aguante.

DOÑA DOLORES.—Pues siéntese, siéntese...

DOÑA ANTONIA.—Muchas gracias... *(Se sienta.)* Porque ya tengo la casa hecha, y los chicos han salido. ¿Qué ha puesto usted hoy?

DOÑA DOLORES.—Cocido, como siempre. ¿Qué quiere usted que ponga? Antes comíamos arroz con pollo los domingos, pero no están los tiempos para florituras.

DOÑA ANTONIA.—Pues usted no puede quejarse, doña Dolores, que otros andamos peor. Yo, la verdad, me veo y me deseo para dar de comer a estos hijos.

DOÑA DOLORES.—¡Ah!, por cierto, ya le he dicho a mi marido lo de su chico, de Julio.

DOÑA ANTONIA.—No sabe cuánto se lo agradezco.

DOÑA DOLORES.—Me ha dicho que preguntará en la oficina a ver si quieren alguno nuevo, pero que él no lo puede decidir.

DOÑA ANTONIA.—No creo que sea fácil. Hay mucho paro ahora para encontrar un puesto así, de buenas a primeras.

(DOÑA DOLORES *va al aparador.)*

DOÑA DOLORES.—¿Unas galletitas?

DOÑA ANTONIA.—Sí, una. Muchas gracias.

DOÑA DOLORES.—*(Acercando a la mesa un plato con galletas María.)* ¿Se lo ha dicho usted a don Ambrosio?

DOÑA ANTONIA.—Sí, claro que se lo dije. Y ¿qué va a contestar? Que hará todo lo que pueda. Pero no sé, no sé... *(No ve fácil la gestión de* DON AMBROSIO, *pero se ilusiona imaginando un resultado favorable.)* Entrar en un banco, fíjese usted... ¡aunque fuera de botones! Es tener el porvenir asegurado. Pero ¡la de recomendaciones que deben de hacer falta para eso!

DOÑA DOLORES.—Me figuro que sí. *(Se ha sentado también a la mesa.)*

DOÑA ANTONIA.—Y todo esto para colocar al mayor, que luego me queda Pedrito.

DOÑA DOLORES.—Pero Pedrito es todavía un niño.

DOÑA ANTONIA.—*(No está conforme con la apreciación de* DOÑA DOLORES.*)* ¡Mujer!

DOÑA DOLORES.—Quiero decir que aún no ha hecho el servicio.

DOÑA ANTONIA.—Bueno, ni el otro.

DOÑA DOLORES.—Ya, ya me acuerdo. El mayor se libra por hijo de viuda.

DOÑA ANTONIA.—Sí. Ya ve usted: no hay mal que por bien no venga.

DOÑA DOLORES.—¡Y que lo diga usted! Ahí tiene a mi Manolita. Yo quería que entrase en un comercio para que trajese dinero a casa y ayudara a su padre...

DOÑA ANTONIA.—*(Interrumpiéndola.)* Pero su marido, en lo de los vinos, cobra un buen sueldo. Y tiene dietas y comisiones.

DOÑA DOLORES.—Sí, desde luego. Pero nada es bastante. Bien lo sabe usted.

DOÑA ANTONIA.—Qué me va usted a decir.

DOÑA DOLORES.—*(Volviendo al tema anterior.)* Pero a ella, a Manolita, se le metió en la cabeza lo de la Cultura General, que nos costaba un disparate la academia, y, mire usted por dónde, profesora. ¿Quiere usted que tomemos un anís? *(Se levanta y va al aparador.)*

DOÑA ANTONIA.—¿Por qué no? Un día es un día.

DOÑA DOLORES.—*(Saca una botella de anís y, con dos copitas, vuelve hacia la mesa.)* No tiene fama, pero Luis dice que es mejor que «Las Cadenas». Es de las Bodegas.

DOÑA ANTONIA.—Ya, ya sé.

DOÑA DOLORES.— *(Sirviendo el anís.)* Si se queda de profesora le pagarán muy poco. Pero algo es algo. Aunque no sea más que para el sueldo de la criada.

DOÑA ANTONIA.—¡Ay, si pudiera yo tener, por lo menos, una asistenta...! Pero, de verdad se lo digo, con lo que me queda del traspaso de la mercería y la viudedad, es que no llego a fin de mes, ¡que no llego! Por más que tire de la cuerda, no llego.

DOÑA DOLORES.—Yo que usted, no habría traspasado la tienda. ¡Tener un comercio, ahí es nada! ¡Qué seguridad!

DOÑA ANTONIA.— *(Mueve la cabeza compasivamente, como si su vecina fuese un pozo de ignorancia.)* Allí la hubiera querido yo ver, doña Dolores. Los chicos no podían ayudarme, porque una mercería no es trabajo de hombres. Como no iba a atender el trabajo yo sola, necesitaba una empleada... *(Se acerca a la vecina para hacerle enérgicamente —con la escasa energía de que ella es capaz— una confidencia.)* Todas eran unas ladronas.

> *(DOÑA DOLORES asiente, conocedora del mundo.)*

DOÑA ANTONIA.—Había que pagar el alquiler, los impuestos, la limpieza, el sereno... Además, estaba en la otra punta de Madrid. Tenía que ir y venir cuatro veces al día.

DOÑA DOLORES.—Es verdad, que me dijo usted que no tenía vivienda.

DOÑA ANTONIA.—¡Qué iba a tener! Yo pensé en mudarme. Pero este piso cualquiera lo deja.

DOÑA DOLORES.—El piso de usted es una ganga.

DOÑA ANTONIA.—Por eso lo digo... Es muy pequeño, pero para lo que ha quedado de la familia...

DOÑA DOLORES.—Yo oí una vez que cuanto más pequeña es la casa, más grandes son las cosas.

Doña Antonia.—¿Qué cosas?

Doña Dolores.—Mujer, es un dicho.

Doña Antonia.—¡Ah! *(Y vuelve a lo suyo.)* ¿Sabe usted lo que no me gusta de mi piso?

Doña Dolores.—Que no tiene luz.

Doña Antonia.— *(Se asombra.)* Me lo ha adivinado.

Doña Dolores.— *(Divertida.)* No, mujer. Si es que ya me lo había dicho.

Doña Antonia.—No me extraña, porque lo digo siempre. En el patio da la luz de diez a once, y se acabó. Luego, ya lo sabe usted: un túnel. Cada vez que entro aquí, en su casa, me da una envidia... *(Se levanta y va hacia uno de los balcones.)* Estos balcones a la calle...

Doña Dolores.—Mujer, pero pagamos el doble.

Doña Antonia.—Bueno, no tanto.

Doña Dolores.—Casi, casi. Que cada primero de mes, cuando sube Braulio con el recibo, de verdad, me da un vuelco el corazón.

Doña Antonia.—Pero ustedes pueden pagarlo. *(Se vuelve a sentar.)*

Doña Dolores.—Sí, a duras penas, y porque a mi marido le dieron lo de las comisiones, que si no... Con su permiso, doña Antonia, voy a ir poniendo la mesa.

Doña Antonia.—Yo la ayudo.

> *(Van las dos al aparador. Sacan el mantel, los cubiertos, los platos... Lo van poniendo todo en la mesa.)*

Doña Antonia.—Mire, doña Dolores, sólo ver a su hijo Luisito estudiando en esa mesa que tiene, con aquella luz...

Doña Dolores.—Pues con esa mesa que tiene y con aquella luz le han suspendido en Física.

Doña Antonia.—Y ahora, ¿qué? ¿Aprovecha el verano para estudiar?

Doña Dolores.—¡Qué va a estudiar! Se pasa el día leyendo novelas.

Doña Antonia.—Tiene mucha vida por delante.

(Suena el timbre de la puerta.)

Doña Dolores.—Mi hija Manolita.

(Cruza, hacia la puerta, la criada.)

María.—Debe de ser la señorita.

(Ruido de la puerta al abrirse y al cerrarse.)

Doña Antonia.—Yo me voy a ir, doña Dolores, que también mis chicos estarán al caer.

Voz de Manolita.—¡Hola! *(Entra* Manolita, *una chica corriente, más bien mona.)* Hola, mamá. *(Le da un beso.)* ¿Cómo está, doña Antonia?

Doña Antonia.—Tirando, hija, tirando. Bueno, doña Dolores, hasta luego o hasta mañana.

Manolita.— *(En tono ligero.)* ¿Se va usted porque vengo yo?

Doña Antonia.—No, hija, si ya me estaba despidiendo. *(Sale.* Doña Dolores *la acompaña.)* No salga, doña Dolores, no se moleste.

Doña Dolores.—Pero, mujer, si no es molestia.

(Sigue poniendo la mesa Manolita. *Se acerca* María, *la criada.)*

María.—Déjeme que la ayude, señorita. ¿Buenas noticias?

Manolita.—Sí, ya ha salido la foto. Esta mañana.

María.—¿Esta mañana? ¿Me la deja usted ver?

Manolita.—Pero, ¿estás loca, María? No lo he traído a casa.

MARÍA.—¡Ah, claro!

> *(Vuelve a entrar* DOÑA DOLORES. *Se dirige a la criada.)*

DOÑA DOLORES.—Tú vete a preparar el escabeche. Nosotras acabamos esto.

> *(Se marcha la criada.)*

MANOLITA.—Casi seguro que me dejan fija.
DOÑA DOLORES.—¿No tenías que estar un mes a prueba?
> *(Suena el timbre de la puerta.)*

DOÑA DOLORES.—Ahí está tu hermano.
MANOLITA.—Ya han pasado quince días.

> *(La criada vuelve a cruzar para abrir.)*

MANOLITA.—Me acabo de encontrar a Juan, el ordenanza, que es el que allí lo sabe todo, y me ha dicho que don Alejandro, el director, está muy contento conmigo.

> *(Entra* LUIS, *el hijo. Da al pasar un beso a su madre y otro a su hermana.)*

LUIS.—Hola, mamá. Hola.
DOÑA DOLORES.—¡Ay!, hija, no sabes lo bien que eso nos vendría.
MANOLITA.—Pero no te hagas ilusiones, mamá. Es una miseria lo que dan. Trescientas pesetas.
DOÑA DOLORES.—Pues con trescientas pesetas hay mucho que hacer. Lo de la chica, algo para ayuda de la casa, y todavía te quedará algo para tus cosas.
LUIS.—Y a mí se me podrán aumentar las cuatro pesetas de la semana.

DOÑA DOLORES.—Tu hermana no tiene por qué darte nada.

MANOLITA.—Nos reuniremos en consejo de familia, a ver si podemos llegar al duro.

DOÑA DOLORES.— *(Suspende lo que estaba haciendo, para abrazar y besar a su hija.)* ¡Ay, Manolita, qué orgullosa estoy!

MANOLITA.—Bueno, mamá, no creas que tienes una hija catedrático. Yo allí no hago más que dictar y corregir las faltas.

DOÑA DOLORES.—Sí, anda, quítate méritos. Está lleno Madrid de señoritas y señoronas que no hacen nada. Ni coser ni guisar saben.

MANOLITA.—Eso no quita para que este trabajo sea una tontería. Pero, claro... *(Se acerca a donde está* LUIS.*)* ... como al niño hay que pagarle el Bachillerato y luego la carrera de Comercio, tenemos que apencar los demás con lo que sea.

> *(Insinúa una caricia a su hermano, que se ha sentado a leer una novela, pero éste la aparta bruscamente.)*

LUIS.—Pues por mí... Yo no quiero estudiar, ya lo sabes.

MANOLITA.— *(Sonriente.)* No seas tonto, si lo digo en broma.

LUIS.—Pero a lo mejor lo piensas en serio. *(Ahora es él el que bromea.)* Si quieres, tú estudias una carrera, y me compras trajes a mí para que haga una buena boda.

DOÑA DOLORES.— *(Finge escandalizarse, pero le hacen gracia siempre las salidas de su hijo.)* ¡Pero qué disparates dices! Parecen las aleluyas del mundo al revés.

MANOLITA.—Por nada del mundo estudiaría yo una carrera. ¡Vaya un tostonazo!

DOÑA DOLORES.—No te gusta estudiar, no te gusta la casa...

Luis (Gerardo Garrido) y doña Dolores (Berta Riaza) en el comedor de su casa

Foto Antonio de Benito

MANOLITA.—Tengo otras aspiraciones.

DOÑA DOLORES.—¿Cuáles?

MANOLITA.—Las que yo me sé.

DOÑA DOLORES.—¡Ay, qué hijos! Vivís los dos en las nubes. Pero ya os dará la vida un trastazo y caeréis a la tierra.

MANOLITA.—No seas agorera, mamá.

(DOÑA DOLORES *se asoma a la puerta y llama.*)

DOÑA DOLORES.—¡María!

VOZ DE MARÍA.—¿Qué, señora?

DOÑA DOLORES.—¿Quedan huevos?

MARÍA.— *(Entrando en este momento.)* Claro. Hay una docena.

DOÑA DOLORES.—Saca seis. Voy a hacer natillas. Hoy tenemos fiesta. Manolita está empleada.

(*La criada va hacia la cocina. Ha sonado la llave en la cerradura, y en el parquet del pasillo los pasos del padre.*)

DON LUIS.— *(Entrando.)* Hola.

DOÑA DOLORES.—Huy, qué cara traes... ¿Te ha pasado algo?

(DON LUIS, *el cabeza de familia, viene con la chaqueta al brazo, sudoroso, el cuello desabrochado. Gasta tirantes.*)

DON LUIS.—¿Qué cara quieres que traiga? No sabéis cómo está Madrid. ¡Y el puñetero periódico! *(Arroja un periódico, el «Ahora»* [6], *sobre la mesa. Se cae un vaso, que*

---

[6]   *Ahora,* diario en formato reducido y con páginas en huecograbado, reproducía la fórmula de *A B C,* pero con ideología republicana. Señala la política del personaje.

Doña Dolores *se apresura a colocar en su sitio.)* No abre uno una página en la que no haya un muerto, un incendio... Yo no sé dónde va a parar la situación.

Doña Dolores.—Bueno, pero a vosotros no os afecta.

Don Luis.—¿A qué nosotros?

Doña Dolores.—A las Bodegas.

Don Luis.—A las Bodegas, no. En este país si las cosas van bien, se bebe vino, y si van mal, se bebe más. Pero esto acabará afectándonos a todos. ¿Te acuerdas de Revenga, el dueño de los restoranes?

Doña Dolores.—Sí, que estuvo en la cena que dio tu jefe. Muy simpático.

Don Luis.—Bueno, pues a su hijo, dieciocho años, le han atado a un árbol, han hecho una hoguera debajo y le han quemado las piernas hasta las rodillas. En el hospital está.

Doña Dolores.—¡Dios santo! ¿Y quiénes han sido?

Don Luis.—¡Yo qué sé! Los comunistas, dicen. Y ahí lo tienes, en primera página: ayer, cuando salía de su casa, han asesinado a tiros a un guardia.

Doña Dolores.—Pero ¿quién, Dios mío, quién?

Don Luis.—Los de Falange, parece. Anda, dame el vaso.

Doña Dolores.—Pues ya ves lo que son las cosas, aquí estábamos tan contentos... Va a ser mejor no salir de casa.

Don Luis.— *(Se estaba descalzando para airear sus pies, pero interrumpe la maniobra.)* Si quieres, me hago notario.

Doña Dolores.—¡No seas tonto!

Don Luis.—Y ¿por qué estabais contentos? ¿Por ignorancia?

Doña Dolores.—No, por lo del empleo de tu hija. Hay buenas impresiones. Don Alejandro, el director de la academia, lo ha dicho.

Don Luis.—Si no se cargan a ese don Alejandro un día de éstos...

MANOLITA.—¡Ay, papá, te pareces a mamá!

DON LUIS.—Perdona, hija. Me alegro, me alegro de que se te arreglen las cosas. Yo sé que a ti te gusta ser libre, defenderte por ti misma, y me parece muy bien.

DOÑA DOLORES.—Sí, métele esas ideas en la cabeza.

DON LUIS.—Ya las tiene ella. En fin, no todo habían de ser desgracias.

DOÑA DOLORES.—Voy a preparar las natillas. *(Va a salir, pero se detiene al hablar su marido.)*

DON LUIS.—Ah, una cosa. Escucha, que se me olvidó ayer. Todo lo contrario a lo de Manolita: pregunté en la oficina lo del chico memo de la pelma de la vecina, y me dijeron que es imposible.

DOÑA DOLORES.—Si lo has planteado así, no me extraña.

DON LUIS.—No, mujer. Esto del memo y la pelma queda entre nosotros.

DOÑA DOLORES.—Yo pensé que como, en realidad, eres tú quien lleva la oficina, algo podrías hacer.

DON LUIS.—Sí, soy el que lleva la oficina, pero hay otro que no hace nada y no lleva nada, pero que se lo lleva todo y es el que manda, ya lo sabes.

DOÑA DOLORES.—El marquesito.

DON LUIS.—Sí, y el marquesito dice que estamos en pleno verano y hay menos trabajo. Que nos bastamos Oñate, yo y el botones. Que, de meter un hombre más, lo pensará cuando llegue el otoño.

DOÑA DOLORES.—¡Ah!

DON LUIS.—Claro, mujer. Ahora no puede pensar, porque se va de veraneo.

DOÑA DOLORES.—Pobre doña Antonia. Se va a llevar un disgusto.

DON LUIS.—Lo comprendo. Porque estar todo el día en casa viendo al memo...

DOÑA DOLORES.—¡Cállate, Luis!

(*Ha entrado* MARÍA *y está haciendo algo en la mesa.*)

DON LUIS.—Yo, por lo menos, me he librado de tenerle en la mesa de enfrente a todas horas.

DOÑA DOLORES.—No me gusta que hables así de los vecinos.

DON LUIS.—Pero, mujer, si lo hago por hacerte rabiar.

MARÍA.—Pues don Luis tiene razón. Ese chico es medio tonto.

DOÑA DOLORES.—¡Cierra la boca tú y vete a cascar los huevos!

(MARÍA *se marcha a la cocina. Al mismo tiempo habla, con cierta timidez, que se le pasa pronto,* LUIS.)

LUIS.—Oye, papá...

DON LUIS.—¿Qué?

LUIS.—Lo de la bicicleta.

DON LUIS.—¿Qué pasa con la bicicleta?

LUIS.—Que a mí... lo de la bicicleta... me parece injusto.

DON LUIS.—¿Ah, sí?

DOÑA DOLORES.—Pero, ¿qué dices, Luisito?

MANOLITA.—¡Anda, que al niño le ha hecho la boca un fraile!

LUIS.— (*Se vuelve, enfadado, hacia su hermana.*) ¡Déjame hablar!

(*Sin replicar,* MANOLITA *sale del comedor.*)

DON LUIS.—Habla.

LUIS.—Yo la bicicleta la quiero para el verano.

DON LUIS.—Pues el año que viene también tiene verano.

LUIS.—Sí, ya... Tú siempre tienes una respuesta. Pero como todos los chicos de mi panda tienen bicicleta, yo no puedo ir con mi panda.

DON LUIS.—Yo no sé cuál será tu panda. Pero los padres de las pandas que yo veo en esta calle no creo que tengan mucho dinero para bicicletas.

LUIS.—No son tan caras. Y con los plazos que yo te he conseguido...

DOÑA DOLORES.—¿Qué hablas tú de plazos?

LUIS.—Claro. Como papá tiene empleo fijo, se la dan a plazos. No es como Aguilar, que como su padre está eventual la tendría que pagar al contado. Además... *(Habla ahora a su padre.)* tú me dijiste que no era por el dinero. Es porque me han suspendido en Física.

DON LUIS.—Desde luego. Eso ya estaba hablado. Cuando apruebes, tienes bicicleta. Es el acuerdo a que llegamos, ¿no?

LUIS.—Sí, pero yo no me había dado cuenta de lo del verano. Las bicicletas son para el verano.

DON LUIS.—Y los aprobados son para la primavera.

LUIS.—Pero estos exámenes han sido políticos.

DON LUIS.—¿Ah, sí?

LUIS.—Claro; todo el mundo lo sabe.

DON LUIS.—*(Cogiendo el periódico, que sigue sobre la mesa.)* Aquí no viene.

LUIS.—*(Molesto; como reprendiendo a su padre.)* Ya estás con tus cosas. Pero es verdad que han suspendido a muchos por cosas políticas.

DON LUIS.—¿En Bachillerato?

LUIS.—Sí, en Bachillerato.

DON LUIS.—¿Y qué tiene que ver la Física con la política?

LUIS.—Todo es política, papá.

DON LUIS.—Sí, es verdad. Eso dicen.

LUIS.—Tú sabes que mi colegio es muy de derechas.

DON LUIS.—Bueno... Es un colegio normal... No es de curas...

LUIS.—Ya; pero es de derechas. Don Aurelio, el director, es de Gil Robles [7].

DON LUIS.—Pues ha hecho un pan como unas hostias.

LUIS.—Claro. Como en febrero, con las elecciones, ha cambiado todo, a nuestro colegio le han mandado a examinarse a un instituto nuevo en el que todos los catedráticos son de izquierdas, en vez de mandarle como siempre al Cardenal Cisneros, donde don Aurelio untaba a los catedráticos..., y, claro, se han cebado.

DON LUIS.—¿Y por qué no me lo habías dicho?

LUIS.—No sé... Porque hablamos poco... Pero es verdad. Con los de curas y con los de derechas, se han cebado. A Bermúdez, el primero de sexto, se le han cargado en Ética y Derecho por decir que el divorcio era inmoral... Y él no tenía la culpa: lo dice el libro.

DON LUIS.—¿Es un libro antiguo?

LUIS.—Sí, del año pasado. Las elecciones han sido cuando ya los libros estaban hechos.

DON LUIS.—¿Y la Física?

LUIS.—No, ésa no la han cambiado. Pero, ya te digo, se han cebado, se han cebado.

DOÑA DOLORES.—¿No son disculpas, Luisito? ¿Tú qué sabes de política?

DON LUIS.—No, no, yo le creo... Y si es así, me parece que ha habido una injusticia. *(Se vuelve de nuevo hacia su hijo.)* ¿Qué has pensado tú que podemos hacer?

LUIS.—Pues digo yo que lo mismo es que si apruebo me compras la bicicleta, que si me compras la bicicleta, apruebo.

---

[7]   José María Gil Robles, jefe de la C.E.D.A. (Confederación Española de Derechas Autónomas), ministro de la Guerra en el gobierno de Lerroux, aspiraba al poder absoluto (trescientos diputados) en las elecciones del 16 de febrero de 1936 en las que ganó el Frente Popular. Gil Robles, sin embargo, no fue aceptado por Franco; pasó parte de su vida en el exilio de Portugal y, al instaurarse la democracia en España, no consiguió ser diputado.

Don Luis.—La Lógica sí la has aprobado, ¿verdad?

Luis.—Sí, claro, ya lo sabes.

> (*Ha vuelto a entrar* Manolita. *Se ha cambiado de ropa. Ahora en vez de la de calle lleva una más usada, de andar por casa.*)

Luis.—Y yo me comprometo, ¿eh? Me comprometo a aprobar en septiembre si me compras la bicicleta.

Don Luis.—Tendrá que cambiar el Gobierno.

Luis.—No, en septiembre te aprueban. El Gobierno lo que quiere es fastidiar.

Don Luis.— (*De eso está convencidísimo.*) ¡Sí, eso ya! Entonces, tú lo que quieres es que hagamos un nuevo acuerdo.

Luis.—Sí.

Don Luis.—No me parece mal. Yo te compro la bicicleta, y tú te comprometes a aprobar.

Luis.—¿Cuándo me la compras?

Don Luis.—Pues... no sé...

Luis.—¿Mañana por la mañana?

Doña Dolores.—¿Qué dices?

Manolita.—¡Huy, qué prisas!

Don Luis.—Pero, hijo... Yo trabajo a las mismas horas que están abiertas las tiendas. Habrá que esperar a ver si en las próximas elecciones cambian los horarios...

Luis.— (*Presa de una rabieta tremenda, interrumpe a su padre.*) ¿Ves? ¡Ya estás con tus cosas! (*Y se marcha del comedor.*)

Doña Dolores.— (*Va hacia la puerta y habla desde allí.*) ¡Luisito! ¿Por qué contestas así a tu padre?

Voz de Luisito.—¡Si no me he enfadado, mamá! ¡Es que es ya la una y media! ¡Se me ha hecho tarde!

Doña Dolores.— (*Desde la puerta.*) Pero ¿adónde vas a estas horas? ¡Estamos a punto de comer!

Don Luis.—Deja al chico. Está nervioso.

Manolita.—Está en la edad del pavo.

VOZ DE LUIS.—¡Tengo que darle unos apuntes de Física a Pablo! ¡Vuelvo en seguida!

MANOLITA.— (*Comenta, descreída, en voz alta.*) ¿Qué apuntes serán ésos?

(*Suena un portazo.*)

DOÑA DOLORES.—¿Por qué lo dices?

MANOLITA.—No sé. Olfato.

(DON LUIS *conecta la radio. Suena música.*)

MANOLITA.— (*Cambiando bruscamente de tema.*) Tengo pretendientes, mamá.

DOÑA DOLORES.—Ya me lo imagino.

DON LUIS.—Cuando nos lo cuenta, es que es alguna guasa de las suyas.

MANOLITA.—¿Es que crees que si fuera algo serio no os lo diría?

DON LUIS.—Claro que no.

MANOLITA.—Pues tienes razón. ¿Cómo lo has adivinado?

DON LUIS.—Pero, hija, ¿tú crees que yo no he sido hijo?

MANOLITA.—Tengo muchísimos. Pero hay uno que quiere pedir mi mano oficialmente.

DON LUIS.—No me digas. ¿Con chaquet y con pastitas?

MANOLITA.—Eso ya no lo sé, porque me parece que no es hombre de posibles. (*Simula una gran seriedad, aunque está muerta de risa por dentro.*)

DOÑA DOLORES.—Anda, anda, cuenta lo que sea, que estás reventando de risa.

MANOLITA.— (*Se abalanza sobre su padre y le abraza, riendo.*) ¡El memo, papá, el memo!

DON LUIS.—¿El vecino?

MANOLITA.—Sí.

DON LUIS.—Pero... ¿el mayor?

MANOLITA.— *(Despectiva.)* Hombre, claro. Si el otro es un niño de pecho.

DON LUIS.— *(Que no tiene en mucho a* DOÑA ANTONIA.*)* No sé de qué pecho.

DOÑA DOLORES.—¡Ay, qué cosas dices, Luis! *(Pero también se ríe de los vecinos.)*

DON LUIS.—Pero, entonces, ¿es ese que está sin empleo?

DOÑA DOLORES.—Bueno, eso los dos.

DON LUIS.—Pero uno de ellos tiene la justificación de la adolescencia; y ya se sabe que gente de su clase, en la adolescencia no trabaja: tienen que formarse. Pero el otro, que ya va camino de la ancianidad...

DOÑA DOLORES.—Pero, Luis, si acaba de cumplir veinte años...

DON LUIS.—Es que comiendo lo que se come en esa casa la ancianidad llega en seguida.

DOÑA DOLORES.—Es un chico muy formal. Y su madre está muy contenta con él.

MANOLITA.—Pues que se lo quede, mamá, que se lo quede.

DOÑA DOLORES.—Pero ¿qué te ha dicho? Si es que puede saberse, claro.

DON LUIS.—Mujer, eso son cosas de ellos.

MANOLITA.—Cara a cara no me ha dicho nada... No se atreve.

DON LUIS.—Ya me extrañaba a mí que tuviera tantos cojones.

DOÑA DOLORES.— *(La frase le ha sonado como un escopetazo.)* ¡Ay, Luis!

MANOLITA.—Me ha escrito una carta. Y me pide relaciones, con mucho respeto. *(Vuelven a escapársele sonrisitas.)* La debe de haber copiado de un librito de esos que venden en los quioscos... *(Se ríe ya más descaradamente.)*

DON LUIS.—Déjamela leer.

MANOLITA.— *(Recobra en parte su seriedad.)* No, papá. Estaría feo.

DOÑA DOLORES.—Claro que estaría feo. ¡Pobre Julio!

DON LUIS.—No, si yo no lo decía por reírme del chico, que no hace falta que me dé más motivos, ni por meterme en vidas ajenas, sino por mi afición a la literatura.

MANOLITA.—Y me dice que hasta ahora no se había atrevido a decirme que yo le gustaba, pero que como ahora va a tener un empleo...

DON LUIS.— *(Saltando.)* ¡Anda coño, el empleo que le tengo que encontrar yo!

MANOLITA.— *(Muerta de risa.)* ¡Ese!

DOÑA DOLORES.— *(Divertida también.)* Todo se queda en casa.

DON LUIS.—Pues oye, no es tan memo.

DOÑA DOLORES.—Anda, para que veas.

DON LUIS.—Claro; si le encuentro el empleo, caso a la niña, pensará él. Pensará él que voy a pensar yo. Bueno, chati, ¿así que tenemos boda?

MANOLITA.—Pero ¿qué dices, papá? ¿Crees que estoy loca?

DOÑA DOLORES.—No le hagas caso, hija, ¿no ves que en lo de hablar en plan de guasa sale a ti?

DON LUIS.— *(Se acerca a su mujer.)* ¡Hay que ver! Tanto hablar tú y yo por las noches, en la cama, de cuando se casaran los hijos y se fueran y nos dejaran en paz, con la casa para nosotros solos, para jugar, para achucharnos, para querernos de nuevo como antes... y ya ves, se casa con el vecino, y los tendremos siempre aquí. (DON LUIS *se hace gracia a sí mismo. Levanta la voz, se ríe mientras habla.*) Aquí, quiero decir, ¿eh? ¡En la mesa, comiendo!

DOÑA DOLORES.—No hables tan alto, Luis, que en esta casa se oye todo.

DON LUIS.—Y el otro, Luisito, ¿cuándo crees tú que pide la mano de la hija de la portera?

DOÑA DOLORES.—¡Pero si la hija de la portera va a cumplir cuarenta años!

DON LUIS.—Bueno, pero los niños de las casas siempre se enamoran de la hija de la portera.

DOÑA DOLORES.—Afortunadamente, Luisito todavía no está en edad de pensar en esas cosas.

(*Ahora es* MANOLITA *quien suelta una carcajada.*)

DOÑA DOLORES.— (*Mira a su hija con perplejidad.*) ¿De qué te ríes ahora?

DON LUIS.—No te extrañes, Manolita; a las mujeres en cuanto dan a luz se les borran los recuerdos.

CUADRO II

Un parque. Quizá el pequeño parquecillo que hay ante el Museo de Ciencias Naturales. O el Parque del Oeste

> *(En uno de sus bancos están sentados* LUIS *y* CHARITO. CHARITO *tiene en sus manos unas cuartillas que* LUIS *acaba de entregarle.)*

CHARITO. — ¿Lo has escrito tú?

LUIS. — Claro. Es una poesía. La he escrito para ti. Para que te la lleves al veraneo. Y si quieres, la lees de vez en cuando.

CHARITO. — Bueno.

LUIS. — Léela ahora.

> *(*CHARITO *va leyendo el papel con la mirada.)*

LUIS. — No, pero en voz alta.

CHARITO. — *(Empieza a leer lentamente.)* «Quiero estar siempre...» ¿Aquí qué dice?

LUIS. — A tu lado.

CHARITO. — No entiendo bien la letra. ¿Por qué no la lees tú la primera vez?

LUIS. — Trae. *(Coge el papel y empieza a leer, aunque, en realidad, se la sabe casi de memoria.)* «Quiero estar siempre a tu lado, — quiero a tu lado estar siempre, —

aunque se pasen las horas, — aunque se vayan los trenes, — aunque se acaben los días, — y aunque se mueran los meses. — Quiero estar frente a tus ojos, — quiero a tu lado estar siempre. — Quiero estar frente a tus labios, — quiero estar frente a tus dientes. — La mariposa se va, — la mariposa no vuelve. — Sé como la golondrina — para que siempre regreses, — que los caminos del cielo — los encuentra y no los pierde.» *(Deja de leer.)* Ya está.

CHARITO.—Es muy bonita. Qué bien escribes. Eres el que mejor escribe de quinto.

LUIS.—¿Te gusta de verdad?

CHARITO.—Sí, de verdad. Y me gusta mucho que la hayas escrito para mí.

LUIS.—¿Te la quieres llevar?

CHARITO.—Claro. *(Toma el papel y le echa una ojeada.)* Sólo hay una cosa que no me gusta. Bueno, que me gusta menos.

LUIS.—¿Cuál?

CHARITO.—Esto... *(Busca entre los renglones.)* Esto de los dientes... Aquí: *(Lee.)* «Quiero estar frente a tus dientes.»

LUIS.—Eso he tenido que ponerlo para que pegue. Es un romance. Y los romances tienen que tener ocho sílabas y rima asonante en los versos pares. Como he empezado por «siempre» tengo que seguir e-e, e-e, e-e. Por eso he puesto «dientes» en vez de «cara» o «pelo» o «cuerpo». Porque si no, no era un romance.

CHARITO.—¿Ah, no?

LUIS.—Claro, Charito, ¿no te acuerdas?

CHARITO.—No; la verdad es que eso nunca me entró.

LUIS.— *(Vuelve a tomar el papel para ampliar sus explicaciones.)* Y eso de aquí, lo de la mariposa, es que es un lepidóptero de vida efímera, o sea que vive sólo un día. Si se va, ya nunca vuelve. En cambio, la golondrina es un ave migratoria que aunque todos los años se marcha a países más cálidos, siempre vuelve a su nido.

Gerardo Garrido y Margarita Migueláñez durante la interpretación del cuadro II
de la primera parte de la obra

Foto Antonio de Benito

CHARITO.—Sí, eso sí lo sé.

LUIS.— *(Habla titubeando y con cierta emoción.)* Charito... antes de que te marches de veraneo... ¿podemos vernos otra vez?

CHARITO.—Me marcho pasado mañana. Pero mañana, para despedirnos, hacemos una excursión en bicicleta a la Casa de Campo. Vienen Coca y los otros. ¿Por qué no vienes tú también?

LUIS.—Ya sabes que no tengo bicicleta. Como me han suspendido...

CHARITO.—Pues la alquilas.

LUIS.—No, alquilada no.

CHARITO.—Huy, qué soberbia.

LUIS.—Es que son muy malas. *(Pausa.)* Y cuando vuelvas... ¿nos veremos? Como yo este año voy a ir al Instituto en vez de ir al colegio...

CHARITO.—Si quieres, nos veremos por las tardes. Puedes ir a buscarme a la salida, y me acompañas a casa. *(Se levanta.)* Es muy tarde.

LUIS.— *(Se levanta también y le muestra el papel a* CHARITO.*)* ¿Te la llevas?

CHARITO.—Sí, trae. *(Coge el papel, lo dobla y se lo guarda.)*

CUADRO III

Comedor en casa de DOÑA ANTONIA. Más pequeño que el de casa de DOÑA DOLORES. Muy lóbrego. Una única ventana que da a un patio algo oscuro

(JULIO, *el hijo mayor, veinte años, está sentado, tristísimo. No es muy agraciado y usa gafas de miope. Tiene un ejemplar de «Cinegramas» en las manos. Pero no lo mira. Suena el ruido de la puerta al abrirse.*)

VOZ DE DOÑA ANTONIA.— *(Muy alegre.)* ¡Julio, Julio, se ha arreglado lo de tu empleo! ¡Acaba de decírmelo don Ambrosio!

(*Entra, muy excitada,* DOÑA ANTONIA. *Deja un paquete con bollitos sobre la mesa y va junto a su hijo.*)

DOÑA ANTONIA.—Para lo del banco habrá que esperar, pero te ha encontrado un puesto en el bazar de un amigo. Y sin oposiciones ni nada. *(Contiene su entusiasmo ante la indiferencia de* JULIO.) Pero, hijo... ¿no te alegras?

JULIO.— *(Se levanta y abraza a su madre.)* Sí, mamá. Y, además, te lo agradezco, porque lo has hecho todo tú.

Yo sin ti, no sirvo para nada... *(Parece que el chico contiene el llanto.)*

DOÑA ANTONIA.—Pero ¿qué dices, hijo? ¿Qué te pasa? A ti te ha pasado algo.

JULIO.—No quería decírtelo... Pero, mira... *(Coge de la mesa el ejemplar de «Cinegramas» y se lo da a su madre, abierto por una página.)*

DOÑA ANTONIA.—¿Qué es esto?

JULIO.—Ahí, en esas fotos... *(Con cierta impaciencia.)* Pero ¿no lo ves?

DOÑA ANTONIA.—¿Estas chicas?

JULIO.—*(Señalando.)* Ésa, Ésa de ahí... ¿No la conoces?

DOÑA ANTONIA.—¡Huy! Manolita, la vecina. Y, ¿por qué sale en el periódico?

JULIO.—Es un concurso, un concurso para sacar artistas nuevas. Y Manolita se ha presentado, y ha mandado la foto. Quiere ser artista.

DOÑA ANTONIA.—*(Escandalizada.)* ¡Válgame Dios! Pero esa chica está loca. Seguro que sus padres no saben esto.

JULIO.—Seguro que no. No lo sabe nadie. Lo ha hecho a escondidas. A mí, para que viera la foto, me ha dado el *Cinegramas* [8] el hijo del panadero, que es un mala leche.

DOÑA ANTONIA.—No hables así, Julito.

JULIO.—Perdóname, mamá.

DOÑA ANTONIA.—No pueden saberlo. Porque aunque don Luis es un golfo, eso no cabe duda, y por más que con nosotros disimule es republicano perdido y quién sabe si algo peor, doña Dolores es muy decente y muy sufrida, la pobre.

---

[8]   *Cinegramas,* fundada en 1934, una de las muchas revistas populares dedicadas al cine, destinaba páginas a publicar fotografías de lectores y lectoras que aspiraban a ser «estrella». No se recuerda que ninguno de aquellos aspirantes consiguiera sus propósitos, al menos por esa vía.

JULIO.— *(Se deja caer de nuevo en la silla, abatidísimo.)* ¡Ha sido ella sola, ella sola!

DOÑA ANTONIA.— *(Sorprendida por la actitud de su hijo.)* Pero, bueno, no es para que tú te pongas así. Cada uno hace de su capa un sayo.

JULIO.— *(Titubea antes de hablar.)* Es que... No te lo había dicho, pero... Íbamos a ser novios.

DOÑA ANTONIA.— *(Se escandaliza mucho más que antes.)* ¿Vosotros? ¿Manolita y tú? Pero ¿andas ya con novias, Julito? ¿Y sin decírmelo, sin decírselo a tu madre? *(Parece que el mundo se le viene abajo.)* ¿Ese es el cariño que me tienes?

JULIO.— No, mamá... Todavía no somos nada... Pero yo le he pedido relaciones. Y me ha dado esperanzas.

DOÑA ANTONIA.— ¿Te ha dado esperanzas? ¿Esa zorra?

JULIO.— ¡No la insultes, mamá! No me hagas sufrir. *(No puede evitar el llanto.)* No me hagas sufrir.

DOÑA ANTONIA.— *(Cambia de actitud ante el llanto de su hijo. Más tierna, más maternal.)* No, hijo, no. No sufras por una tontería así.

(Suena el timbre de la puerta.)

DOÑA ANTONIA.— ¡Madre mía, deben de ser don Ambrosio y su señora, que les he dicho que entraran a tomar una copa para celebrar lo tuyo...! *(La pobre mujer está un poco perdida, no sabe adónde ir ni qué hacer.)* He subido bollitos de tahona... Pero todavía no tengo el anís... *(Ha salido del comedor y ha ido a abrir la puerta. Se le oye gritar:)* ¡Es Pedrito!

VOZ DE PEDRO.— Hola, mamá.

(Entra PEDRO, el hermano pequeño, dieciocho años. Trae un periódico.)

PEDRO.—Se han cargado a Calvo Sotelo [9]. Anoche. *(Por el periódico.)* Aquí no viene, pero ya lo sabe todo el mundo.

DOÑA ANTONIA.— *(Interrumpiéndole.)* Déjate ahora de esas cosas. Pues menudo disgusto tenemos aquí.

PEDRO.—¿Qué ha pasado?

DOÑA ANTONIA.—Algo horrible, Pedrito, horrible.

PEDRO.—¿Más horrible que eso?

DOÑA ANTONIA.—Tu hermano se ha hecho novio de la vecina. Y ella le ha pagado metiéndose a artista.

PEDRO.— *(Sorprendidísimo.)* ¿Quién? ¿Manolita, la vecina? ¿Artista?

DOÑA ANTONIA.—Sí.

PEDRO.—Pero, ¿cómo se va a hacer artista así, de la noche a la mañana?

DOÑA ANTONIA.—Pues ahí lo tienes. *(Por el «Cinegramas».)* En ese periódico.

PEDRO.—¿Y dónde sale? ¿En el Martín? Porque me gustaría echarle un vistazo [10].

JULIO.—¡Qué imbécil eres!

DOÑA ANTONIA.— *(Sin hacer caso a* PEDRO.*)* Y precisamente yo, ahora, tengo que invitarles.

JULIO.—No, mamá. ¡No quiero verla, no quiero verla! *(Se levanta.)*

DOÑA ANTONIA.—Pero, hijo, son nuestros vecinos. Les molestamos mucho. Don Luis se ha preocupado por ti. Además tengo que pedirle el anís a doña Dolores. Tranquilízale tú, Pedrito. *(Va hacia la puerta.)* Yo vuelvo ahora mismo.

---

[9] José Calvo Sotelo, jefe de la oposición contra el Frente Popular, fue asesinado el 13 de julio de 1936. El dato sitúa la acción de la obra al día siguiente.

[10] El Teatro Martín, en la calle de Santa Brígida, dedicado entonces exclusivamente a la revista considerada audaz.

(Suena el timbre de la puerta. DOÑA ANTONIA *se detiene.)*

DOÑA ANTONIA.—¡Ay, Dios mío, don Ambrosio ya está aquí! *(Y no tiene más remedio que ir a abrir.)*

PEDRO.— *(A su hermano.)* ¿Pero es que tú estabas colado por la Manolita?

JULIO.—Me gustaba. Era un secreto.

PEDRO.—Pues si se hace artista, mejor para ti: te la tiras y ya está.

JULIO.—¡Qué burro eres! No comprendes nada.

(Ya han entrado en la casa los invitados. Van llegando todos al comedor. Son: DON AMBRO-SIO, *un señor como otro cualquiera, que anda por los cuarenta años;* LAURA, *su mujer, bastante más joven que él, guapetona; la madre de* DON AMBROSIO *y el padre de* DON AMBROSIO, *dos ancianos.)*

DOÑA ANTONIA.—Pasen, pasen... Ahí están mis hijos. Yo voy un momento a invitar a don Luis. Ahora mismo vuelvo.

PEDRO.— *(Por lo bajo, a su hermano.)* Sécate las lágrimas, gilipollas. *(A los recién llegados.)* ¿Qué hay? Muy buenos días.

(Se saludan unos a otros sin que se entienda muy bien lo que dicen. Sí destaca la frase de JULIO *a* DON AMBROSIO.)*

JULIO.—Muchas gracias, don Ambrosio. No sé cómo agradecérselo.

DON AMBROSIO.—A mí no me lo agradezcas. Yo no he hecho nada. Ha sido la suerte. Que se ve que tienes buena suerte.

JULIO.—Nadie lo diría.

DON AMBROSIO.—Pues, ¿no lo estás viendo? Un compañero me oyó contar lo tuyo y dijo: «Mis tíos los del bazar andan buscando un muchacho.» Y ya está.

PEDRO.—¿Qué opina usted de lo de Calvo Sotelo, don Ambrosio? ¿Qué dicen en el banco?

DON AMBROSIO.—Calla, calla, no me hables de eso, que me tiene toda la mañana descompuesto.

LAURA.—Yo digo que sean las que sean las ideas, estas cosas no debieran pasar nunca.

DOÑA MARCELA.—*(Encarándose con su marido.)* ¿Lo oyes, Simón? Estas cosas no hay nada que las justifique: ni la revolución, ni el progreso, ni la lucha por la libertad, ni nada.

DON SIMÓN.—Yo no he dicho eso.

DOÑA MARCELA.—Sí lo has dicho. A mí. Hace un rato.

DON SIMÓN.—Lo que pasa es que no me comprendes cuando hablo.

DOÑA MARCELA.—Será porque no te expresas. Pero te pongas como te pongas, esto ha sido una salvajada.

DON SIMÓN.—Cállate, Marcela, que tú no entiendes de esto.

DOÑA MARCELA.—No entenderé, pero cuando una cosa es una salvajada...

DON SIMÓN.—*(Prudente.)* No sabemos las ideas de los demás.

DOÑA MARCELA.—Tú no sabes ni las tuyas.

DON AMBROSIO.—A mí lo que me preocupa es lo que harán los militares.

PEDRO.—No creo que puedan hacer mucho, porque como todo el mundo se huele hace tiempo que quieren dar la campanada, el gobierno ya estará prevenido.

DON AMBROSIO.—Por sí o por no, esta mañana tú no sabes la de dinero que ha salido del banco.

(Suena el ruido de la puerta y entra DOÑA ANTONIA *con los demás:* DON LUIS, DOÑA DO-

LORES, MANOLITA y LUIS. DOÑA ANTONIA *viene abrazada a su botella de anís.)*

DOÑA ANTONIA.—Pasen, pasen... Están ya don Ambrosio y su señora... Y sus padres...

(Se saludan todos. Se confunde lo que dicen. A partir de este momento no se entiende casi nada de lo que hablan. DOÑA ANTONIA *prepara las copas y sirve en ellas el anís. De vez en cuando, destaca entre la confusión alguna frase suelta.)*

DON AMBROSIO.—Al director le han llamado de la central.

DON LUIS.—No cabe duda que es una represalia por lo del teniente Castillo [11].

DON SIMÓN.—Yo me tomo la copita muy deprisa porque me tengo que ir a la Casa del Pueblo [12].

DOÑA MARCELA.—Tú no vas a ningún lado.

DON SIMÓN.—Tengo que ir, Marcela. Si uno falta, se nota.

DOÑA MARCELA.—¿No dices que sois veinte mil afiliados en U.G.T.?

DON SIMÓN.—Veinte mil cuatrocientos en Madrid. Pero si falto, se comenta, se comenta.

DOÑA MARCELA.— *(A* DOÑA DOLORES.) Lo comentarán los cuatro viejos borrachos que van con él.

DON SIMÓN.—Cállate, Marcela.

LAURA.— *(Que está ahora cerca de* DON LUIS.) Qué calor hace hoy, ¿verdad?

---

[11] El teniente Castillo, de la Guardia de Asalto, fue asesinado por pistoleros derechistas a la salida de su casa en la calle de Augusto Figueroa; durante la guerra civil dicha calle se llamó del Teniente Castillo.

[12] Las Casas del Pueblo, predominatemente socialistas, tuvieron en un principio un propósito cultural y de enseñanza, como los Ateneos Libertarios de los anarquistas; trataban de suplir la carencia de la enseñanza para las clases trabajadoras. Se concebía la cultura popular como un arma.

DON LUIS.—Pues a usted, Laura, el calor no le sienta nada mal. Y además lo comunica.

LAURA.—Cállese, Luis, no empiece.

DOÑA ANTONIA.—He subido bollitos de tahona. Poca cosa...

PEDRO.—También es que los discursos de estos días de Calvo Sotelo...

DON AMBROSIO.—Sean las que sean las ideas de cada uno, yo creo que estos no son momentos de comentarios, sino de lamentar lo sucedido.

MANOLITA.— *(Que, por primera vez, llega cerca de* JULIO.*)* Hola, Julio.

JULIO.—Vete a la mierda. *(Y se marcha bruscamente del comedor.)*

DOÑA MARCELA.— *(A su marido, siguiendo con el tema anterior.)* Pero ¿qué quieres hacer? ¿Ponerte otra vez el gorrito merengue y el pañuelo y salir a la calle cantando el chíbiri? [13]

DON SIMÓN.—¿Quién ha hablado aquí de gorrito merengue?

DON AMBROSIO.—Por favor, mamá, no empiece.

(Hablan todos uno sobre otro.)

DOÑA MARCELA.—Si es él el que ha empezado. Se quiere echar a la calle...

DON SIMÓN.—Cállate, Marcela.

LAURA.—Por favor, dejadlo, que estamos de visita.

---

[13] Se llamaron «Chíbiris» (por el estribillo de una canción popular que entonaban a coro) a grupos festivos de izquierdas que solían ir a merendar a la Casa de Campo, que la República había convertido en propiedad colectiva; antes lo era de la Corona. Llevaban unos gorros parecidos a los de los marineros americanos, llamados «merengues» por su forma. A veces eran atacados por grupos falangistas; así fue asesinada Juanita Rico, a unos metros de la casa de la calle de Álvarez de Castro, donde vivía Fernán-Gómez y sucede la acción de la obra, en el verano de 1934.

DOÑA ANTONIA.—No, por nosotros no se preocupen; no faltaba más.

DOÑA MARCELA.—Él solito quiere arreglar la cuestión social. ¡No te digo!

DON SIMÓN.—Cállate, Marcela...

DON AMBROSIO.—Bueno, ya está bien. Se acabó.

DOÑA MARCELA.—Me callo porque lo dice Ambrosio, porque me lo dice mi hijo, pero no porque me lo mandes tú. Porque cuando tengo razón a mí nadie me calla la boca, y como tengo razón...

CUADRO IV

Comedor en casa de DOÑA DOLORES

(Están MANOLITA *y* JULIO.)

JULIO.—Perdón, Manolita. El otro día no supe lo que decía.

MANOLITA.—Pues yo lo entendí muy bien.

JULIO.—Bueno... Si lo piensas..., eso, al fin y al cabo, no quiere decir nada.

MANOLITA.—¿Ah, no?

JULIO.—Quiere decir sólo que uno está enfadado. Y yo estaba enfadado.

MANOLITA.—Pues yo también lo estoy ahora.

JULIO.—Manolita... Yo no tengo la culpa de lo que me pasa... De que me gustes, quiero decir... Es, a lo mejor, por vivir tan cerca...

MANOLITA.—¿Nada más que por eso?

JULIO.—Quiero decir que si tú vivieras en otro barrio, muy lejos..., no te habría conocido... Y, entonces..., no me habría... enamorado de ti.

MANOLITA.—Hombre, claro.

JULIO.—Pero viviendo puerta con puerta...

MANOLITA.—Qué cosas dices.

JULIO.—Sí, tonterías... Pero es que yo no sé cómo hablar.

MANOLITA.—Pues no hables. Nadie te lo pide.

JULIO.—A mí... no me importa que quieras ser artista... Lo he pensado.

MANOLITA.— *(Sarcástica.)* Ah, ¿me das permiso?

JULIO.—Comprendo que tienes que vivir. Y el ser artista es un trabajo como otro cualquiera. Mi madre lo dice: lo que pasa en un teatro, igual puede pasar en una oficina.

MANOLITA.—Dale las gracias.

JULIO.—Tú eres más lista que yo. No sé por qué he venido a hablarte.

MANOLITA.—Porque tenías la obligación.

JULIO.—Sí, ya lo sé. Yo lo que digo es que lo del otro día fue un pronto; y como tú me habías dado esperanzas...

MANOLITA.—¿Yo?

JULIO.—Claro.

MANOLITA.—¿Cuándo?

JULIO.—Cuando lo de la carta. Me dijiste que la habías leído.

MANOLITA.—Sí.

JULIO.—Y no me pusiste mala cara.

MANOLITA.—La que tengo.

JULIO.—Bueno, pues eso ya quiere decir algo.

MANOLITA.—¿Ah, sí?

JULIO.—Hombre... A mí me pareció.

MANOLITA.—Con poco te conformas.

JULIO.— *(En un repentino ataque de ira, propio de un tímido, se exalta, vocifera.)* ¡No! ¡No me conformo con eso! ¡Quiero hablar con tus padres! ¡Y pedir tu mano! ¡Y que nos casemos y que no tengas que trabajar!

MANOLITA.—Cálmate, cálmate... No des voces, que están ahí mi madre y la chica...

JULIO.—Perdóname, Manolita. Ya sabes que no sé expresarme.

(A las voces, entra MARÍA.)

MARÍA.—¿Pasa algo?

MANOLITA.— *(Disimula, discreta.)* No, es que Julio me estaba contando un chiste.

MARÍA.— *(Sorprendida.)* ¿Éste?

JULIO.— *(Ha ido hacia la puerta y desde allí se despide.)* Adiós, Manolita. *(Y se marcha. Suena un portazo.)*

MARÍA.—¿Y tenía gracia?

MANOLITA.— *(No la contesta.)* ¡Ay, qué lío, María, qué lío!

MARÍA.—¿Sigue con lo mismo?

MANOLITA.—Sí. Antes, me hacía reír. Pero ahora me da pena, y no sé qué contestarle.

MARÍA.—Si es que es para dar pena a cualquiera.

MANOLITA.—Sobre todo cuando se pone tan tierno, con esa pinta, con esas gafas...

MARÍA.—Desde luego no es un José Mojica [14].

(Llaman con varios timbrazos cortos y golpes en la puerta.)

MARÍA.—Es Luisito. *(Va a abrir.)*

(Un fuerte portazo.)

VOZ DE LUIS.—¡Se han sublevado los militares!

(Entran en el comedor, muy precipitados, muy agitados, LUIS y PABLO.)

LUIS.—¡En África! ¡Lo hemos oído decir en el café de la esquina! *(Va a conectar la radio.)*

---

[14] José Mojica, actor y cantante mejicano que se retiró en pleno éxito para profesar en una orden religiosa. Las continuas alusiones al cine y a sus personajes señalan un ambiente real de la época en la que el cine se «descubría» como un arte popular, mientras el teatro seguía dedicado principalmente a la burguesía.

PABLO.—¡Así estaba el café, así! (*Hace un gesto de api-
ñamiento con los dedos.*)

MANOLITA.—¿Y qué hacíais vosotros en el café?

LUIS.—Lo hemos oído desde fuera, chivata.

(*En la radio suena música. Llega* DOÑA DO-
LORES *al comedor.*)

DOÑA DOLORES.—Pero ¿qué pasa? ¿Qué jaleo es
éste? ¡Baja esa radio!

LUIS.—Si es que seguramente darán noticias, mamá.

DOÑA DOLORES.—¿Qué noticias?

LUIS.—Dicen que se han sublevado los militares.

DOÑA DOLORES.—¡Dios Santo!

PABLO.—Hay guerra.

LUIS.—No, esto no es guerra. Es un golpe de estado.

DOÑA DOLORES.—¿Y eso qué es, Luisito?

LUIS.—No sé explicártelo, mamá. Pero no es guerra.

DOÑA DOLORES.—¿Y tu padre? ¿Se habrá enterado
ya tu padre?

LUIS.—Claro que se habrá enterado.

DOÑA DOLORES.—Si no, habría que bajar al taller del
escultor y llamarle por teléfono.

LUIS.—Calla, mamá, calla. Dan noticias.

LOCUTOR DE LA RADIO.—... una parte del Ejército de
Marruecos se ha levantado en armas contra la República.
Nadie, absolutamente nadie, se ha sumado en la Penín-
sula a este empeño...

(*Ha sonado el ruido de la puerta. Llega* DON
LUIS. DOÑA DOLORES *se abalanza a él.*)

DON LUIS.—¿Qué? ¿Ya lo sabéis?

(*Sigue hablando, en un segundo plano, el* LOCU-
TOR DE LA RADIO.)

Pilar Bayona, en el papel de María

Foto Antonio de Benito

DOÑA DOLORES.—¡Has venido, Luis, has venido!

DON LUIS.—Claro. Los he largado a todos de la oficina. Quien más, quien menos, quieren estar pegados a la radio. O irse a la Casa del Pueblo, a sus partidos... Y allí, para cuatro gatos que somos...

DOÑA DOLORES.—¿Y tu jefe? ¿Qué dice tu jefe? ¿No lo tomará a mal?

DON LUIS.—¿El marquesito? He querido preguntarle lo que hacíamos, pero no se le encuentra. Parece que se han sublevado en Zaragoza, en Oviedo y en La Coruña.

PABLO.—¿En La Coruña también?

MANOLITA.—La radio acaba de decir que en la Península no ha pasado nada.

DON LUIS.—Bueno, todo son rumores.

LUIS.—Escucha, papá, escucha.

LOCUTOR DE LA RADIO.—... y heroicos núcleos de elementos leales resisten a los sediciosos en las plazas del Protectorado. El Gobierno de la República domina la situación. Última hora: Todas las fuerzas de la Península mantienen una absoluta adhesión al Gobierno. La escuadra ha zarpado de Cartagena hacia los puertos africanos y pronto logrará establecer la tranquilidad.

PABLO.—No han dicho nada de La Coruña.

DON LUIS.—No.

PABLO.—Es que allí están mis padres. Se fueron ayer de veraneo con mis hermanos. Tenemos allí unos primos.

DOÑA DOLORES.—¿Y tú qué haces aquí solo?

PABLO.—Estoy con la criada y con mi hermana.

LUIS.—Es que le han suspendido en tres.

DOÑA DOLORES.—Ah.

LOCUTOR DE LA RADIO.—Transmitimos ahora un comunicado de la U.G.T. Camaradas, en estos momentos cruciales para el destino de la clase obrera de España y de los compañeros obreros de todo el mundo, os pedimos serenidad. Las fuerzas de la reacción de nuevo se han alzado contra nosotros...

MARÍA.—Han llamado a la puerta, señora.

DOÑA DOLORES.— *(Muy alarmada.)* ¿Que han llamado? ¿Que han llamado, dices?

MARÍA.—Sí, sí señora.

DON LUIS.—¡Pues abre, coño!

(MARÍA *va a abrir.)*

LOCUTOR DE LA RADIO.—... permaneced todos en vuestros puestos atentos a la voz de mando que os puede pedir de un momento a otro el máximo esfuerzo, el esfuerzo definitivo, que os lleve a terminar con vuestros enemigos, con los opresores y con los colaboradores de la opresión...

(Entran en el comedor, agitadísimos, excitados, DOÑA ANTONIA *y su hijo* JULIO. *Pero a* JULIO *se le va en seguida la mirada a buscar a* MANOLITA.)

DOÑA ANTONIA.—Doña Dolores..., doña Dolores, perdone... *(Se queda cortada al verlos a todos reunidos.)* Ah, están todos aquí.

DOÑA DOLORES.—Entre, entre.

DOÑA ANTONIA.—Es que... como no tenemos radio... Fíjese, doña Dolores, mi Pedrito está en la calle, en la calle...

DON LUIS.—Pero, doña Antonia, si aquí, en Madrid, no pasa nada. Siéntese, siéntese si quiere oír la radio.

DOÑA DOLORES.—¿Quiere un vaso de agua?

DOÑA ANTONIA.—Sí, se lo agradezco. Pero yo me lo sirvo, no se moleste.

(Va al aparador a servirse el agua. JULIO *se acerca a* MANOLITA. *En la radio suena ahora el* «Himno de Riego».)

JULIO.—Oye, Manolita...

MANOLITA.—¿Qué?

JULIO.—Don Ambrosio... ¿sabes?... El vecino.

MANOLITA.—Sí.

JULIO.—El del banco.

MANOLITA.—Ya, ya.

JULIO.—Ha hablado con su compañero, el que me encontró el empleo, para preguntarle que cuándo me incorporo. Él, el compañero, no don Ambrosio...

MANOLITA.—Sí, te entiendo.

JULIO.—... ha llamado a su tío, el del bazar... ¿Te dije que era un bazar?

MANOLITA.—Un bazar, sí.

JULIO.—Pero el tío, el tío del compañero de don Ambrosio, le ha dicho que hoy no es día para hablar de esas cosas.

MANOLITA.—Tiene razón.

DOÑA DOLORES.—¡Y ese hijo en la calle!

JULIO.—Pero que en cuanto esto pase, que me presente en el bazar, que el puesto lo tengo seguro.

MANOLITA.—Qué alegría, Julio.

DOÑA DOLORES.—¿Y de Cartagena? ¿Qué hay de Cartagena?

DON LUIS.—Pues nada. ¿Qué va a haber de Cartagena?

DOÑA DOLORES.—Que allí tienes un amigo: Basterreche.

DON LUIS.—¿Y qué?

DOÑA DOLORES.—Que han dicho que la escuadra ha zarpado de Cartagena.

DON LUIS.—¿Y eso qué tiene que ver con Basterreche, que es dueño de una papelería?

MARÍA.—¿Y de Segovia? ¿Qué pasa en Segovia?

DON LUIS.—¡Ay que coño! No pasa nada.

MARÍA.—Usted perdone, don Luis, pero es que yo en Segovia, en Fresnedal, tengo a toda mi familia.

DON LUIS.—Pero si no pasa nada. No pasa nada en Segovia, ni en Cartagena, ni en ningún lado. Sólo en África, ¿no lo habéis oído?

PABLO.—Pero... la gente dice que se han sublevado en La Coruña, ¿no, don Luis?

DON LUIS.—La gente puede decir lo que quiera, pero estas son las últimas noticias.

JULIO.— *(Como si los otros no hubieran hablado.)* Por eso quería preguntarte... Y no sé si dirás que insisto demasiado... Que cuándo puedo hablar con tus padres...

MANOLITA.—Julio, por favor... Pero ¿ahora? ¿Tú crees que yo tengo la cabeza para nada? Con lo que está pasando... ¿Tú crees que puedo pensar en esas cosas?

JULIO.—Para mí... en el mundo... no hay nada más importante que estas cosas... Pero ya sé que tú crees que yo no... *(Hace un ademán como indicando que no rige muy bien.)*

MANOLITA.— *(Se compadece.)* Julio... No, Julio, no es eso... Mira, en cuanto esto pase, yo hablo con mis padres, ¿eh? Les hablo yo primero para prepararles, y después les hablas tú.

JULIO.—¿De verdad, Manolita?

MANOLITA.—De verdad. Total, por unos días...

JULIO.—Gracias, Manolita, gracias.

DOÑA DOLORES.—Estoy muy preocupada, Luis.

DON LUIS.—Lo comprendo. Yo también.

DOÑA DOLORES.—No, si no es por eso. Es por lo de la oficina. ¿Tú crees que no te regañarán mañana por haber salido antes de la hora?

DON LUIS.—No, ¡qué va! De todos modos yo pensaba salir antes para comprarle a éste la bicicleta, ¿no te acuerdas? Lo único que he hecho ha sido decirles a Oñate y al botones que se fueran.

DOÑA DOLORES.—Es verdad, la bicicleta. No se os ocurrirá ir a comprarla ahora.

LUIS.—¿Por qué no?

DOÑA DOLORES.—Pero ¿estás loco, Luisito?

DON LUIS.—Pero, hijo, si a lo mejor no hay ni tiendas abiertas.

LUIS.—No, si a mí ya me da igual.

DON LUIS.—¡Ah!, ¿ya no la quieres?

LUIS.—No, no es eso. Pero los de la panda ya están de veraneo.

DON LUIS.—¿Todos? ¿Y la querías sólo para un día?

LUIS.—Que no es eso, papá. Tú no lo entiendes.

DON LUIS.—No.

LUIS.—De todas maneras, la quiero. Puedo salir estos días con otros chicos. Y luego llevármela a La Almunia.

DON LUIS.—Y la usará Anselmo más que tú.

LUIS.—No me importa prestársela. Pero sí, la quiero.

DON LUIS.—Claro, hombre. En cuanto pase esto, vamos a comprarla y tienes todo el verano por delante.

CUADRO V

Comedor en casa de DOÑA DOLORES. Es de noche. Las luces están encendidas y las persianas levantadas

> *(Sobre la mesa hay paquetes de tienda de comestibles, bolsas, latas de conserva.* DOÑA DOLORES *y* MARÍA *están separándolas en grupos.)*

MARÍA.—Es que todo esto me lo tiene que vender Basilio muy tarde, cuando ya han cerrado la tienda. Porque de día está muy controlado.

DOÑA DOLORES.—Pimientos, tomates, tres de espárragos. Pues mira, es una suerte que sea paisano tuyo... Si no es algo más.

MARÍA.—Que no, señora, de verdad que no... Es el que me recomendó a usted, ¿ya no se acuerda? Aquel tan flaco.

DOÑA DOLORES.—Digo que es una suerte porque por lo menos debemos comprar para quince días. Yo no me fío de que esto termine antes.

MARÍA.—Y en la otra tienda ya no queda nada, de verdad. Ni bacalao ni escabeche tienen. Sólo les quedan garbanzos y no sé qué más. Y con unas colas...

DOÑA DOLORES.—¿Y esto?

MARÍA.—Tres kilos de azúcar.

DOÑA DOLORES.—Pero, bueno, mujer... Tenemos para un año. Tampoco es para tanto.

MARÍA.—Yo, por si acaso.

DOÑA DOLORES.—Dale las gracias de mi parte a tu paisano. Mañana iré yo a verle.

MARÍA.—No, mejor no vaya usted, porque la gente está a la que salta. Ya sabe cómo son las vecinas... Él, ahora, en la tienda puede hacer lo que quiera, pero lo hace según y con quién.

DOÑA DOLORES.—¿Puede hacer lo que quiera?

MARÍA.—Claro. El dueño —que tiene cinco tiendas en Madrid, no vaya usted a creer que es un don nadie—, ha desaparecido. Pero dan por seguro que le han matado, porque estaba muy mal visto en el sindicato. Basilio, mi paisano, está muy bien visto, y como el otro dependiente, que llevaba más tiempo que él, se ha ido a la sierra de miliciano... [15]. ¡Menudo era! Fue de los que quemaron los conventos al empezar esto. Y de los que entraron en el cuartel ése a tiros.

DOÑA DOLORES.—En el Cuartel de la Montaña [16].

MARÍA.—Sí, en ése. Pues claro, Basilio se ha quedado al frente de todo. Está como de encargado.

DOÑA DOLORES.—Bueno, vamos a ver lo que llevamos a la cocina y a la despensa y lo que dejamos aquí.

MARÍA.—¿Sabe usted? Ha desaparecido el casero.

DOÑA DOLORES.—¿El escultor, don Álvaro?

MARÍA.—Sí, ha desaparecido. ¿Se acuerda usted del día que se liaron a tiros con la casa, porque en el escaparate había estatuas de santos?

DOÑA DOLORES.—¿Cómo no me voy a acordar, mujer? Si por poco nos matan a todos.

---

[15]   La sierra de Guadarrama, donde se organizó la primera resistencia frente a las fuerzas que bajaban de Castilla sobre Madrid. «Miliciano» fue una antigua palabra a la que se dio un nuevo sentido, el de voluntario civil frente a los «soldados» del Ejército regular.

[16]   Situado en la Montaña de Príncipe Pío, donde hoy está el Templo de Debod. Hay un monumento en homenaje a sus defensores. Los militares sublevados se hicieron fuertes en él, pero fueron asaltados por los milicianos.

MARÍA.—Bueno, pues desde el día siguiente no se le ha visto más. Fue de visita a casa de un amigo, y no ha vuelto.

DOÑA DOLORES.—No sabía nada.

MARÍA.—Algunos dicen que le han matado, como al tendero.

DOÑA DOLORES.—¡No me digas!

MARÍA.—Sí, que le han dado el paseo, que es como llaman a eso [17].

DOÑA DOLORES.—Sí, ya lo sé. Pero ¿estás segura? ¡Ay, cómo estará doña María Luisa! Ella sola con la niña...

MARÍA.—No, segura no estoy. Basilio, mi paisano, dice que a lo mejor es que se ha escapado él mismo, por miedo a que le maten, y se ha metido en una embajada [18].

DOÑA DOLORES.—Pero ¿por qué le van a matar? Un hombre tan bueno...

MARÍA.—Pero como hace santos... Y, además, es muy rico. Fíjese, para ser el dueño de esta casa...

(Entra LUIS *con un gran montón de libros. Lo deja sobre la mesa.)*

DOÑA DOLORES.—Pero ¿dónde vas con eso, Luisito? Si no tenemos en dónde ponerlos.

LUIS.—Sí, en mi cuarto caben. Tiene muchísimos en el baúl de la buhardilla. Casi cien.

MARÍA.—Bueno, todo esto me lo llevo a la cocina.

---

[17] «Paseo» es una palabra tomada del cine de los Estados Unidos, que reproducía el lenguaje de los «gangsters»: la invitación a «dar un paseo» a la víctima suponía sacarla del casco urbano y asesinarla en descampado.

[18] Numerosas embajadas practicaron el derecho de asilo, y acogieron en sus edificios a personas perseguidas. Nunca fueron asaltadas. Muchas veces se permitió la salida de los refugiados hacia el extranjero en coches protegidos por la bandera del país de asilo. Hay alguna literatura sobre esas situaciones, desde el punto de vista de los perseguidos y asilados, principalmente *Una isla en el mar Rojo,* de W. Fernández Florez, y *Madrid, de Corte a Checa,* de Agustín de Foxá.

(Sale del comedor con unos cuantos paquetes y latas de los que había sobre la mesa. DOÑA DO-LORES *va metiendo algunas de las otras cosas en el aparador.)*

LUIS.—Yo no creí que papá tuviera tantos libros. ¿Y es verdad que era escritor?

DOÑA DOLORES.—No, Luisito. Tu padre nunca ha sido escritor. ¿Quién te ha dicho eso?

LUIS.—No sé... Me parece que os lo he oído decir a vosotros.

DOÑA DOLORES.—No. Lo que pasa es que de joven le gustaba escribir... Yo no sé lo que escribiría... Poesías, novelas... No sé... Pero, según me ha contado, no las acababa nunca.

LUIS.—¿Y a ti nunca te escribió una poesía?

DOÑA DOLORES.—¿A mí? No... Lo que hacía eran coplas... Unas coplas muy chistosas. Y un amigo suyo las cantaba con una bandurria.

LUIS.—¿Y cómo eran?

DOÑA DOLORES.—No me acuerdo, hijo. Pero decían muchas picardías. Luego, cuando estábamos recién casados, empezó a escribir una función... Pero no la acabó nunca.

LUIS.—No sé por qué no la acabó, porque ser escritor es muy bonito.

DOÑA DOLORES.—Creo que no se gana una gorda con eso. Todos andan por ahí dando sablazos.

LUIS.—Eso no tiene que ver para que sea bonito.

DOÑA DOLORES.—¿Sabes lo que le pasaba a papá con eso de escribir? Yo no se lo he dicho nunca... Tampoco se lo digas tú.

LUIS.—No, mamá. ¿Qué le pasaba?

DOÑA DOLORES.—Que sabía poco. Para escribir novelas o funciones, hay que saber mucho. Hay que haber estudiado.

LUIS.—Pero papá ha estudiado.

DOÑA DOLORES.—¡Bah! Las cuatro reglas, como yo. Lo que pasa es que él tiene más memoria. En los únicos sitios que enseñan de verdad es en los colegios de curas, y ésos son carísimos. Tu padre, ya lo sabes, no pudo ir más que a la escuela nacional. Y allí no se aprende.

LUIS.—Me parece que no tienes razón, mamá. Bueno, que no tienes razón en todo. Hay colegios que no son de curas y que enseñan mucho. Ahora el mejor que hay es el Instituto Escuela, y no son curas.

DOÑA DOLORES.—Pero será también carísimo.

LUIS.—Sí, eso sí. Creo que sí.

DOÑA DOLORES.—¿Lo ves? El caso es que tu padre un día, en una época en que nos iban muy mal las cosas, Manolita era muy pequeña y tú estabas a punto de nacer, cogió todos los librotes y los metió en un baúl...

LUIS.—¿En ése de arriba?

DOÑA DOLORES.—Sí. Y luego cogió todos sus papeles y los quemó. Y se echó a la calle a buscar otro empleo para las horas libres. Y desde entonces empezó a irnos un poco mejor.

LUIS.—Pues a mí una de las cosas que más me gustaría ser es escritor.

DOÑA DOLORES.—Cuando acabes el Bachillerato y saques unas oposiciones, piensa en eso. De momento, estudia la Física. (*Lo ha dicho acariciando con ternura a su hijo.*)

LUIS.—Si la estudio, mamá.

(*Entra* MARÍA *con un queso de bola.*)

MARÍA.—El queso habrá que dejarlo aquí, en el aparador.

DOÑA DOLORES.—Sí, claro.

MARÍA.—Pues lo habíamos puesto con lo de la cocina.

DOÑA DOLORES.— (*Sale, llevándose casi todo lo que quedaba en la mesa.*) Esto me lo llevo ya para la despensa.

(En lo que MARÍA *está colocando el queso en la quesera,* LUIS *se acerca a ella y le roza el culo con las manos.)*

MARÍA.— *(Dándole un manotazo.)* ¿Qué haces, Luisito? ¡Estate quieto!

LUIS.— *(Acercándose más, cogiendo a la chica de un brazo.)* No grites, tonta...

MARÍA.— *(Escabulléndose.)* No me llames tonta.

(El chico va tras ella. La toca. Está excitadísimo.)

MARÍA.—Quita las manos.

LUIS.— *(Agarrándola como puede por la cintura, apretándola contra la pared.)* Déjame que te bese.

MARÍA.— *(En medio de su enfado se le escapan sonrisas nerviosas. Dice con voz sorda:)* Luisito, que llamo a tu mamá. *(Y de un empellón se deshace de* LUIS.)

LUIS.— *(Sigue yendo tras ella.)* Pues el año pasado, cuando jugábamos al escondite en el pasillo, me dejabas que te tocara.

MARÍA.—Eras un niño.

(Ahora LUISITO, *al intentar zafarse ella, la coge de espaldas y le aprieta las tetas.)*

MARÍA.—¡Doña Dolores! ¡Doña Dolores!

LUIS.— *(Masculla, lleno de ira.)* ¡Imbécil!

(En el marco de la puerta está MANOLITA, *que viene de la calle. Nadie ha oído esta vez el ruido de la puerta.* MANOLITA *está guardando la llave en el bolso. Viene, precipitada, la madre.)*

DOÑA DOLORES.—¿Qué quieres, María? ¿Ha pasado algo?

(LUIS *ha cogido el montón de libros y ha salido hacia su cuarto. Se detiene un momento en el pasillo para escuchar la respuesta de la criada.*)

MARÍA.—Que los botes de mermelada adónde van: ¿a la cocina o se quedan aquí? *(Y lanza una sonrisa a* LUIS, *que sale disparado hacia su cuarto.)*

DOÑA DOLORES.—A la despensa mujer. La mermelada siempre la hemos tenido allí.

(MARÍA *se va con los botes hacia la cocina.)*

MANOLITA.—¡Y péinate un poco, María, que estás hecha una destrozona!

VOZ DE MARÍA.—¡Sí, señorita, sí! ¡Si es que no tiene una tiempo para nada!

MANOLITA.—Hola, mamá. *(Le da un beso.)*

DOÑA DOLORES.—Hola, hija. Procura no venir tan tarde, que con estas cosas está una con el alma en un hilo.

MANOLITA.—No es tarde, mamá.

DOÑA DOLORES.—Anda, ayúdame a poner la mesa.

MANOLITA.—Sí, mamá. *(Va al aparador y entre las dos empiezan a sacar las cosas y a poner la mesa.)*

DOÑA DOLORES.—¿Vienes de la academia?

MANOLITA.—Ya no hay academia.

DOÑA DOLORES.—¿Qué dices?

MANOLITA.—La han cerrado.

DOÑA DOLORES.—Entonces, ¿tu puesto de profesora...?

MANOLITA.—Bueno, en cuanto esto pase la abrirán.

DOÑA DOLORES.—Sí, pero mientras tanto...

MANOLITA.—Mientras tanto yo voy a tener otro trabajo.

DOÑA DOLORES.—¿Ah sí?

MANOLITA.—Quiero hablar contigo antes de decírselo a papá, para que me ayudes a convencerle.

DOÑA DOLORES.—¿A convencerle de qué?

MANOLITA.—De que me deje trabajar.

DOÑA DOLORES.—Pero si te deja.

MANOLITA.—Aunque no me hace falta. En el sindicato me han dicho que yo tengo derecho a trabajar y que mis padres no pueden impedírmelo.

DOÑA DOLORES.—¿En el sindicato? Pero ¿de qué hablas?

MANOLITA.—Ahora, para trabajar, hay que estar sindicada. Y yo esta tarde he ido al Sindicato de Espectáculos con Vicenta, que tiene un amigo allí, y nos hemos apuntado. Ya tengo el carné.

DOÑA DOLORES.—¡Pero, hija..., hija...! ¿El Sindicato de Espectáculos? Pero..., pero..., ¿sigues con esa idea?

MANOLITA.—Sí, mamá.

DOÑA DOLORES.—¿Después del escándalo del concurso?

MANOLITA.—¿Pero qué escándalo, mamá?

DOÑA DOLORES.— *(La pobre no sabe muy bien lo que dice o lo que debe decir.)* ¿No te acuerdas...? Los vecinos... Cómo se puso el pobre Julio...

MANOLITA.—¡Bueno, mamá, a Julio que le frían un huevo! ¡No vamos a vivir pendientes de los demás! Y menos ahora, con lo que han cambiado las cosas.

DOÑA DOLORES.—Hay cosas que no cambian. En fin, tu padre verá...

> *(Suena el ruido de la llave en la cerradura. El abrirse y cerrarse de la puerta.)*

DOÑA DOLORES.—Mira, ahí está...

MANOLITA.— *(Se acerca a su madre.)* Mamá, yo quería que me ayudaras.

DOÑA DOLORES.—Sí, hija, sí...

DON LUIS.— *(Entra y va a dar un beso a su mujer y otro a su hija.)* Hola.

MANOLITA.—Hola, papá.

DOÑA DOLORES.—Hola, Luis. *(Echa una mirada a su hija.)* Anda, Manolita, díselo...

MANOLITA.—Pero, mamá, ¿así, de sopetón?

DOÑA DOLORES.—¿Y qué ganas con tardar?

MANOLITA.—Mamá quiere que te diga que voy a ser artista. Que ya me he apuntado en el Sindicato de Espectáculos.

DON LUIS.— *(De momento no dice nada. Mira a una y a otra.)* ¿Y lo de la academia?

MANOLITA.—La han cerrado.

DON LUIS.—Ya. *(Vuelve a mirar a las dos. Se encara con* MANOLITA.) ¿A ti te gusta eso?

MANOLITA.—Sí, papá.

DON LUIS.— *(Mira ahora a la madre.)* Entonces, ¿qué pasa?

DOÑA DOLORES.—No, nada, nada... Sólo que yo decía que debía hablarlo antes contigo.

DON LUIS.—Sí, eso sí. *(A* DOÑA DOLORES.) ¿A ti te parece mal?

DOÑA DOLORES.— *(Con evidente hipocresía.)* A mí qué va a parecerme... Es un trabajo...

DON LUIS.—Claro que es un trabajo... Y no están los tiempos para andar por ahí tocándose las narices... La profesión de cómico es una profesión como otra cualquiera.

DOÑA DOLORES.—Sí, eso sí... Hinestrosa, aquel amigo de tu padre, era un hombre muy tratable, y era cómico.

DON LUIS.—Como otra cualquiera: está llena de golfos, de vagos, de borrachos, de jugadores, de maricas, de putas... Y supongo que de gente corriente y de pobres desgraciados, como cualquier otra. Además, yo quería escribir obras de teatro, ¿no te acuerdas?

DOÑA DOLORES.—Sí.

DON LUIS.—Y si las hubiera escrito, las habrían tenido que hacer los cómicos. Entonces, ¿cómo voy a querer que no haya cómicos? *(Se va exaltando.)* ¿Y por qué voy

a querer que se metan a cómicas las hijas de los demás,
pero no mi hija? ¿Con qué derecho?

DOÑA DOLORES.—Pero Luis, si nadie te dice nada.

DON LUIS.—Claro. Por eso hablo solo. *(Se sienta a la
mesa.)* Bueno, Manolita, y eso, ¿cómo se empieza, cómo
se aprende? Porque no vas a ser María Guerrero, así de
repente... ¿O tiras para lo de Celia Gámez?

MANOLITA.—No, papá; si no sé cantar. Antes se em-
pezaba de meritoria sin sueldo. Pero ahora, de comparsa
con un duro, porque han prohibido trabajar gratis. Ahora
es fácil colocarse porque, como es verano, muchas compañías están fuera, y en Madrid casi no hay cómicos.

DON LUIS.—Ni teatros. Están todos cerrados. Has elegido un buen momento.

> *(Entra* LUIS *y, después de dar un beso a su
> padre, va a sentarse a su sitio en la mesa.)*

LUIS.—Hola, papá.

MANOLITA.—Pero los van a ir abriendo. Los cómicos tienen que trabajar... Se están incautando de los
teatros para explotarlos por su cuenta... La gente, además, necesita entretenerse, aunque sea en una situación como ésta.

DOÑA DOLORES.— *(En un lamento.)* Y tendrás que ir al
teatro todos los días...

DON LUIS.—¡Claro, joder, claro que tendrá que ir!

DOÑA DOLORES.—¿Sin nadie que la acompañe?

DON LUIS.—Pero ¿si no la iban a acompañar a la academia, por qué la van a acompañar al teatro?

DOÑA DOLORES.—No es lo mismo, Luis, no es lo
mismo.

DON LUIS.—Bueno, se ha acabado esta conversación.
Cambiemos de tema.

> *(Hay un silencio. Se miran unos a otros.)*

LUIS.—Han matado al casero.

DON LUIS.—¿Sí?

LUIS.—Por lo menos, ha desaparecido.

DON LUIS.—Como cambio de tema, no está mal. También han matado al marquesito.

DOÑA DOLORES.—¿A tu jefe?

DON LUIS.—Sí, también. Ya ves, como estaba muy metido en el ajo, se marchó por ahí a esconderse, y un hombre que tiene casas en las cuarenta y nueve provincias, o casi, en vez de meterse en una de las que cayeron en manos de unos, se metió en una que cayó en manos de otros. Se le han cargado a él, a su padre y a sus dos hermanos. Y a un señor que estaba de visita.

DOÑA DOLORES.—¿Qué dices?

DON LUIS.— Sí, sí, no es ninguna broma. Estaba allí para vender algo, abonos o no sé qué historias, se creyeron que era de la familia, y se lo cepillaron también.

DOÑA DOLORES.—¡Qué barbaridad! ¿Y a la madre la han respetado?

DON LUIS.—Sí, la han respetado. Porque estaba en Méjico. Se escapó hace tres años con un torero. Abre la radio, Luisito, a ver si dicen algo de la no intervención.

(LUIS *va a abrir la radio. Suena música.*)

DOÑA DOLORES.—¿Y eso qué es?

DON LUIS.—Las potencias democráticas han decidido no intervenir ni a favor de unos ni de otros. Francia va a cerrar la frontera [19].

DOÑA DOLORES.—¿Y eso es bueno?

DON LUIS.—Unos dicen que sí y otros que no.

---

[19]   El acuerdo de No Intervención fue firmado el 28 de agosto de 1936 por veintiocho países: obligaba a los pactantes a no participar en la guerra de España bajo ningún concepto. En la zona republicana se consideró «en sentido único», aludiendo a que Alemania, Italia y Portugal siguieron combatiendo directamente junto a Franco, mientras las democracias abandonaban a la República.

(DOÑA DOLORES *se acerca a la puerta.*)

DOÑA DOLORES.—¡María! ¿Está ya la sopa?

(*Responde la* VOZ DE MARÍA *desde la cocina.*)

VOZ DE MARÍA.—¡Un momento, señora!

DON LUIS.—¿Por qué está la luz encendida y las persianas levantadas?

DOÑA DOLORES.—Porque lo han mandado así, ¿no te acuerdas?

LUIS.—Lo dijo la radio. Es por los pacos. Para que no se escondan... [20].

DON LUIS.—No señor; es al revés...

MANOLITA.—Tiene razón papá.

DOÑA DOLORES.—Pero si lo oímos todos. Y llevamos la mar de días haciéndolo.

LUIS.—Es que si las casas están a oscuras, los pacos...

DON LUIS.—Que no señor, que es las luces apagadas o las persianas echadas. Por si vienen aviones a bombardear... Lo han dicho hoy.

DOÑA DOLORES.—¿Pero aquí cómo van a venir a bombardear? ¿Para qué?

LUIS.—Pero entonces los pacos...

DON LUIS.—¡Déjame de pacos, leche!

UNA VOZ.— (*Desde la calle.*) ¡Esa luz!

DON LUIS.—¡Echa las persianas, Luisito, echa las persianas!

> (LUIS *va corriendo a hacer lo que le han dicho.*
> *Tira con gran energía de la correa. La correa se*
> *rompe. La persiana no baja.*)

UNA VOZ.—¡Esa luz!

DON LUIS.—¡Agáchate, Luis!

---

[20] «Pacos»: francotiradores. El vocablo procede de la «guerra de África» (o de colonización de Marruecos) y es onomatopéyico, por el ruido del disparo y de su eco rompiendo la calma.

(LUIS *se agacha. Inmediatamente suena un disparo. La bala rompe el vidrio del balcón. Todos se levantan de la mesa de un salto.)*

DOÑA DOLORES.—¿Te ha pasado algo, Luis?
LUIS.—No, mamá.
DON LUIS.—¡Apagad la luz, coño!

(*Rápidamente apaga* MANOLITA. *En la puerta, en penumbra, aparece* MARÍA *con la sopera.)*

MARÍA.—¿Qué ha sido eso?
DOÑA DOLORES.—Nada, nada; anda, pon la sopera.
DON LUIS.—Sí, que vamos a comer la sopa a tientas. El cristal está hecho añicos.
DOÑA DOLORES.—¡Dios mío! ¡Podían haber matado a este hijo!
DON LUIS.—Claro que le podían haber matado.
DOÑA DOLORES.—Trae la vela, María, que así no veo dónde sirvo.

(*Se va* MARÍA.)

DON LUIS.—Y decías tú que persianas arriba y luces encendidas.
DOÑA DOLORES.—(*A punto de llorar.*) Pero, bueno, Luis, yo... Yo no... Es que cambian tanto...
DON LUIS.—No, mujer, si tú no tienes la culpa... ¡Joder con los leales y con los facciosos y con la madre que los parió!
MARÍA—(*Entrando con la vela.*) Aquí está la vela.

(*Suena una explosión lejana. Todos se quedan un momento en suspenso.)*

MARÍA.—¿Qué ha sido eso?
DOÑA DOLORES.—Sí, ¿qué ha sido?

MANOLITA.—No sé...

DON LUIS.—Yo creo que... que ha sido una bomba...

DOÑA DOLORES.—¿Una bomba?

DON LUIS.—Sí, pero muy lejos.

MANOLITA.—¿Una bomba... de la aviación?

DON LUIS.—Sí, debe de ser eso...

(MARÍA *acaba de colocar la vela en el centro de la mesa.*)

UNA VOZ.— *(Desde la calle.)* ¡Esa luz!

(*Automáticamente las cinco cabezas se inclinan sobre la vela y soplan. La vela se apaga.*)

DON LUIS.—Bueno, pues vosotros diréis...

DOÑA DOLORES.—A la cocina, vamos a cenar a la cocina. María, llévate la sopera. *(Ella empieza a coger los cubiertos.)* Tú, Manoli, lleva los platos...

(*En la oscuridad, se mueven todos en dirección a la puerta. Se oye un grito de* MARÍA.)

MARÍA.—¡Ay!

DOÑA DOLORES.—¿Qué pasa, María?

MARÍA.—Nada, señora, que he tropezado.

(*Y se oye también la* VOZ DE DON LUIS.)

DON LUIS.—¡A ver cuándo cojones quiere Dios que acabe esto!

(*Dos explosiones más, seguidas.*)

CUADRO VI

Cuarto de MARÍA, la criada. Es una habitación pequeña, miserable. Los muebles son una cama, una mesilla, un lavabo y un baúl. En una de las paredes hay un ventanuco alto. Ahora es de noche y está encendida la bombilla sin tulipa que pende en el centro de la habitación

(MARÍA *escupe en el lavabo el agua con que acaba de enjuagarse la boca. Se quita la especie de bata sucia que lleva puesta y se queda en camisa corta. Comienza a rezar mientras vierte agua en el lavabo. Se refresca los sobacos.)*

MARÍA.—Dios te salve, María. Llena eres de gracia. El Señor es contigo. Bendita tú eres entre todas las mujeres, y bendito es el fruto de tu vientre, Jesús. Santa María, madre de Dios, ruega por nosotros, pecadores, ahora y en la hora de nuestra muerte. Amén. *(Después de secarse, apaga la luz y se mete en la cama.)*

(La oscuridad es casi total, pero entra algo de la luz de la luna por el alto ventanuco. Suenan unos golpes muy leves en la puerta.)

MARÍA.— *(Desde la cama.)* ¿Eh? ¿Quién es? ¿Es usted, señora? *(Se levanta y va a la puerta.)* ¿Qué quiere?

(Entreabre la puerta y aparece LUISITO *que hace intención de entrar.* MARÍA *se lo impide.)* Vete, Luisito, vete. *(Ha hablado con energía, pero en tono susurrante.)*

LUIS.— *(Con un hilo de voz.)* Déjame entrar. *(Y empuja la puerta.)*

MARÍA.—Que no, que te vayas... *(Hablan los dos en un tono de voz bajísimo todo el resto de la escena.)*

LUIS.—Déjame, mujer... Si es que quiero hablar contigo...

MARÍA.—Estas no son horas de hablar... Vete, Luisito, vete... *(Siguen los dos forcejeando.)* ¡Que grito!

LUIS.—Pero si no te voy a hacer nada. (LUIS *ha conseguido entrar. A su espalda queda la puerta entreabierta.)*

MARÍA.—¡Vete, Luisito! ¿No ves cómo estoy? *(Se refiere a su semidesnudez.)*

LUIS.—Déjame verte.

> *(Suena una explosión lejana, muy amortiguada por la distancia, pero ninguno de los dos le presta atención. De vez en cuando, a lo largo de toda la escena, se oirán, muy lejanos, cañonazos, disparos aislados, un corto tableteo de ametralladora.)*

MARÍA.—Pero si estamos a oscuras.

LUIS.—Entonces, ¿qué más da?

MARÍA.—Vete, Luisito, que llamo a tu madre... *(Y, para taparse, corre a meterse en la cama.)* No te acerques a la cama, ¿eh? No te acerques.

LUIS.—Déjame estar un rato.

MARÍA.—Pero sin acercarte.

> (LUIS, *sigiloso, cierra la puerta.)*

MARÍA.—¿Por qué cierras?

LUIS.—Es que se oye todo.

MARÍA.—Pues no hables.

LUIS.—Pero como hablas tú... Que no haces más que dar voces... *(Se acerca a la cama.)*

MARÍA.—Te dije que no te acercaras.

LUIS.— *(Sentándose en la cama.)* Si me estoy aquí quieto, sólo un rato.

MARÍA.—Pues vaya una tontería. No te muevas, Luis, que mete mucho ruido el somier.

LUIS.—Pues dices que has tenido pesadillas.

MARÍA.—Quita las manos, Luis. *(Breve pausa.)* ¡Que no me toques!

LUIS.—¿Por qué no quieres? A ti también te gusta.

MARÍA.—¿Tú qué sabes, niñato?

LUIS.—Lo sé porque, a veces, cuando te toco en el pasillo, no puedes disimular y te ríes.

MARÍA.—Porque me pongo nerviosa. ¡Quita las manos de ahí, bruto! ¿No ves que me haces daño?

LUIS.—No quiero hacerte daño.

MARÍA.—Bueno, pues estate quieto de una vez. Se ha acabado. *(Breve pausa.)* ¡No me pellizques, Luis, que se quedan señales!

LUIS.—Pues déjate. En el colegio, chicas más pequeñas que tú, se dejan...

MARÍA.—Serán unas putas.

LUIS.—No, puta es otra cosa.

MARÍA.—¡Que te estés quieto, o te doy una bofetada!

LUIS.—Pero si te gusta... Porque yo noto que te gusta... ¿por qué no te dejas?

MARÍA.—Porque me pongo muy caliente, Luis... ¡Y no puede ser, no puede ser!

LUIS.—Bueno, pues me estoy quieto si me tocas tú a mí.

> *(Un silencio. Dos explosiones seguidas, a lo lejos. Tableteo de ametralladoras más largo que antes.)*

MARÍA.—Pero estate quieto de verdad, ¿eh?

LUIS.—Sí.

MARÍA.— *(Después de una pausa.)* No respires tan fuerte, que se oye todo.

LUIS.—Si es que... es que... que te quiero, María, te quiero mucho...

MARÍA.—No digas tonterías.

> *(Un cañonazo más fuerte que los otros. Más tableteo de ametralladoras. Muchos disparos de fusil. Se generaliza el tiroteo.)*

MARÍA.—Hay combate.

LUIS.—Sí.

CUADRO VII

Comedor de DOÑA DOLORES. Es el mes de noviembre. (1936)
De dos y media a tres de la tarde

(DOÑA DOLORES *está colocando sobre la mesa
un camino bordado y un centro de cristal con
flores de trapo.* DON LUIS *fuma y bebe una
copita.)*

DOÑA DOLORES.— ... pero como Manolita se queda estudiando los papeles por las noches, tarda en dormirse...

DON LUIS.— ¿Estudiando los papeles? Pero si en la
obra esa que vimos no decía más que: «¡Han dao una
puñalá a Manoliyo!»

DOÑA DOLORES.— Pero es que estudia funciones que
a lo mejor no hará nunca, para ir aprendiendo. Y es entonces cuando oye a Luisito levantarse y meterse en el
cuarto de María.

DON LUIS.— ¡Vaya problema!

DOÑA DOLORES.— ¿Qué hacemos, Luis?

DON LUIS.— ¿Pero Manolita está segura?

DOÑA DOLORES.— Una noche se levantó ella despúes
y se puso a escuchar a través de la puerta.

DON LUIS.— Así que esta casa de noche es una feria.

DOÑA DOLORES.— Dice que incluso miró por el ojo de
la cerradura.

DON LUIS.— ¿Y qué vio?

DOÑA DOLORES.—Dice que desde la cerradura no se ve la cama.

DON LUIS.—Menos mal. O sea que mientras tú y yo estamos en la cama..., tan ricamente..., el niño y la criada también están tan ricamente. Y, claro, la pobre Manolita, desesperada por los pasillos.

DOÑA DOLORES.—No digas burradas.

DON LUIS.—Todavía si tuviéramos chófer...

(En este momento llega al comedor MANOLITA, *ya preparada para salir a la calle.)*

MANOLITA.—Me voy: se me hace tarde para el ensayo. *(Besa a sus padres.)*

DOÑA DOLORES.— *(A* DON LUIS.) Anda, pregúntale, pregúntale.

DON LUIS.—¿Ensayáis una obra nueva?

MANOLITA.—Sí, la que leyeron ayer. Yo tengo varias frases.

DON LUIS.—¿De qué trata?

DOÑA DOLORES.—Deja eso ahora, Luis.

MANOLITA.—De los evacuados, de la gente de los pueblos que va llegando a Madrid.

DOÑA DOLORES.— *(Preocupada y apremiante.)* Anda, cuéntale a tu padre...

DON LUIS.—Ah, tema de actualidad.

DOÑA DOLORES.—¡Luis!

DON LUIS.—Manolita, tu madre me ha contado lo de Luis y María. Es un problema. Pero... ¿tú crees que han llegado a mayores?

MANOLITA.—A mí me parece que las noches que yo he escuchado, no.

DON LUIS.—¡Ah! ¿Pero tú has ido allí a escuchar más de una noche?

MANOLITA.—Dos o tres.

DON LUIS.—¿Y para qué?

MANOLITA.—Pues para eso... Para enterarme... Para

poder decíroslo a vosotros... Porque hay que ocuparse de Luisito, ¿no? A mí me parece que lo que le pasa es natural. Está en una edad muy peligrosa... Sobre todo en estas circunstancias, aquí encerrado, rodeado de mujeres...

DON LUIS.—Sí, en eso tienes razón.

MANOLITA.—Porque a la pobre María ya hace tiempo que la traía frita.

DOÑA DOLORES.— *(Muy sorprendida.)* ¿Sí?

MANOLITA.—Claro, mamá. Le metía mano al menor descuido.

DOÑA DOLORES.—Pero, entonces, ¿tú crees que se ha enamorado?

MANOLITA.— *(Divertida ante lo que considera ingenuidad de su madre.)* ¡No, mamá! Qué se va a enamorar. Es otra cosa.

DOÑA DOLORES.— *(Sin comprender.)* ¿Qué cosa?

DON LUIS.—Pues que le gusta meter mano, ¿no lo estás oyendo?

DOÑA DOLORES.— *(Insistente.)* Pero a María.

MANOLITA.—A María y a quien se le ponga por delante. Si cada vez que me cruzo con él por el pasillo, parece que el pasillo se ha estrechado.

DOÑA DOLORES.— *(Casi en tragedia griega.)* ¡Manolita!

MANOLITA.—¿Qué pasa, mamá?

DOÑA DOLORES.—Que eres su hermana.

DON LUIS.—Toma, pues por eso.

DOÑA DOLORES.—¿Cómo que por eso? Pero ¿qué decís?

DON LUIS.—Que por eso se cruza con ella en el pasillo: no se va a cruzar con Marlene Dietrich.

DOÑA DOLORES.—¡Jesús, Jesús!

MANOLITA.—Pero ¿a ti no te apretuja, mamá?

DOÑA DOLORES.—Es natural, soy su madre. Y antes, cuando era más pequeño, alguna vez le he pillado espiándome cuando iba a bañarme. Pero era curiosidad. Ya no lo hace.

MANOLITA.—Claro. Desde que yo me he desarrollado.

DON LUIS.— *(Irónicamente escandalizado.)* ¡Qué casa, Dios mío, qué casa! Nos van a echar del piso.

MANOLITA.—Bueno, ahora sí que tengo que irme. Es tardísimo. Y coger el metro es una lucha.

DOÑA DOLORES.—Sí, vete, hija, vete. Además, estas cosas prefiero hablarlas a solas con tu padre.

(MANOLITA *se marcha.)*

DOÑA DOLORES.—En fin, tú dirás.

DON LUIS.—¿Qué diré?

DOÑA DOLORES.—Lo que hacemos.

DON LUIS.—Pues... no sé... Tiene razón Manolita. Me gusta, me gusta esta hija. Es muy justa de ideas, muy moderna... Tiene una mirada muy clara, sabe ver... Luis es ya un hombre...

DOÑA DOLORES.—Es un niño.

DON LUIS.—Para ti lo será siempre. Pero es ya un hombre, y el año que viene lo será más.

DOÑA DOLORES.—Pero el año que viene es distinto, la vida ya será normal.

DON LUIS.—Y se casará, ¿no?

DOÑA DOLORES.—No, Luis, pero... *(No sabe qué decir.)* ¡Ay, no me pongas nerviosa!

DON LUIS.—Si ya lo estás. Lo que quiero decir es que tienes que hacerte a la idea de que ese niño crecerá, crecerá de una manera incontenible, acabará llenando toda la casa, dejándonos a nosotros sólo un rincón, y querrá meter mano, meter mano a toda la carne que se le ponga por delante.

DOÑA DOLORES.— *(Harta.)* ¡Sí, sí, sí! Pero yo lo que digo, Luis, es que ahora, ¿qué hacemos?

DON LUIS.—Pero ¿tú qué es lo que quieres? ¿Que le dé un duro para que se vaya de putas?

DOÑA DOLORES.—¡Ay, no! ¡Eso sí que no! ¡En esta situación!

DON LUIS.—Pues he oído decir que hay más higiene que antes.

DOÑA DOLORES.—¡Si hasta por la radio les tienen que decir a los milicianos que sean limpios, que tengan cuidado! ¡Si han muerto batallones enteros por eso!

DON LUIS.—Bueno, eso cuentan...

DOÑA DOLORES.—Y será verdad. No, con mujeres de ésas, no... ¡Señor, Señor, un chico de Acción Católica! [21].

DON LUIS.—Era sólo aspirante.

DOÑA DOLORES.—Algo tendrás que pensar, Luis.

DON LUIS.—¿Yo?

DOÑA DOLORES.—Eres su padre. Y eres un hombre.

DON LUIS.—Sí, una coincidencia.

DOÑA DOLORES.—Háblale.

DON LUIS.—¿Hablándole voy a contener las fuerzas de la naturaleza, el genio de la especie?

DOÑA DOLORES.—No digas más tonterías, Luis. Y piensa algo, que me estás sacando de quicio.

DON LUIS.—La hija de la casera, Maluli, creo que debe de andar ya por los quince años. ¿Te parece que se lo diga a doña María Luisa y les apareamos?

DOÑA DOLORES.—Eres imposible. ¿Qué hacemos con María?

DON LUIS.—¿Con la muchacha?

DOÑA DOLORES.—Sí, claro. Tendremos que echarla.

DON LUIS.—Mujer... Eso me parece un poco... un poco feudal... Que ella sea la que pague el pato...

DOÑA DOLORES.—Pues a mí me parece más feudal, como tú dices, tenerla aquí, en ese cuarto, para que el niño haga con ella lo que quiera.

DON LUIS.—Lo que quiera ella.

DOÑA DOLORES.—¡Me da igual! Luis, hace ya días, antes de saber esto, María me habló... Me habló de que

---

[21] Las Juventudes de Acción Católica donde se ejercía una labor cultural, catequética y recreativa, pero también política. Fernando Fernán-Gómez perteneció a la Mariano-Alfonsiana, que tenía su sede en la iglesia del Perpetuo Socorro, en la calle de Manuel Silvela.

quizá fuera mejor para ella irse al pueblo en vista de que aquí —ella lo ve mejor que nosotros— está muy difícil lo de la comida.

DON LUIS.—¿A su pueblo, a Segovia? Pero si allí no se puede ir, están los facciosos en San Rafael y en Los Molinos.

DOÑA DOLORES.—Pero tiene familia también en Torrelaguna. Ella me lo ha dicho. Yo podría arreglarme sola.

DON LUIS.—¿Ahora, con Manolita en el teatro?

DOÑA DOLORES.—Cuando tú vuelvas a trabajar, podemos buscar otra muchacha.

DON LUIS.—¿Otra igual?

DOÑA DOLORES.—No, distinta.

DON LUIS.—Una muchacha muy viejecita, muy viejecita...

DOÑA DOLORES.— (Dejándole por imposible.) Sí, eso es. (Va hacia la puerta.) ¡María!

DON LUIS.—Pero ¿se lo vas plantear ya?

DOÑA DOLORES.—No puede pasar una noche más en casa, compréndelo.

MARÍA.— (Llega al comedor.) ¿Llamaba, señora?

DOÑA DOLORES.—Sí, siéntate.

MARÍA.—No, no señora.

DOÑA DOLORES.—Siéntate. Es que yo... estoy muy nerviosa... Y me pone más nerviosa hablar contigo... así... estando tú de pie.

MARÍA.—Como usted diga, señora.

DOÑA DOLORES.—He estado pensando aquello que me dijiste el otro día de que querías irte al pueblo, con tu familia...

MARÍA.—Yo no dije eso.

DOÑA DOLORES.—¿No te acuerdas? Me dijiste que aquí comíamos muy mal, y que comprendías que nosotros no podíamos hacer más, y que ya veías que pagarte la miseria que te pagamos...

MARÍA.—Yo no dije eso.

DOÑA DOLORES.—No, lo de la miseria lo dije yo. Y que te habías enterado de que en el pueblo había más víveres y que podías ayudar a tu tía, porque su marido y su hijo se habían ido a las milicias.

MARÍA.—Sí, eso sí se lo dije.

DOÑA DOLORES.—Y que aquí, en Madrid, te encontrabas muy mal.

MARÍA.—Sí, eso también lo dije.

DOÑA DOLORES.—Pues, ¿entonces?

MARÍA.—Es que, ahora, aquí en Madrid, me encuentro mucho mejor.

(En una pausa, el padre y la madre se miran.)

DOÑA DOLORES.— *(Llena de sospechas.)* ¿Por qué?

MARÍA.—Porque lo peor era lo de los víveres y, ya lo sabe usted, con lo de Basilio, mi paisano el de la tienda, algo vamos arreglando.

DOÑA DOLORES.—Muy poco.

MARÍA.—Sí, pero ahora va a ser mejor. Porque ya sabe usted que se quedó de encargado y ahora es de los que más entienden de alimentación y como dentro del sindicato ya le dije a usted que estaba muy bien visto, pues le han metido en abastos y yo creo que a mí no me faltará nada... Bueno, ni a ustedes...

DOÑA DOLORES.—Está bien. *(Toma una enérgica decisión.)* Mira, María, para acabar de una vez...

DON LUIS.— *(Interrumpiendo a su mujer.)* Déjame a mí. *(Se levanta, y se acerca a* MARÍA.) María: Luis, mi hijo, tiene ya quince años. Afortunadamente, he podido comprobar que le gustan las mujeres. A su madre, hace tiempo, la espiaba cada vez que iba a bañarse, y cuando le agarra un brazo se lo deja con más manchas que el lomo de una pantera; a su hermana, cuando se la tropieza por los pasillos le da unos achuchones que ya tienen hoyos las paredes; y a ti se te mete en la cama una noche sí y otra no.

MARÍA.— *(Levantándose de golpe.)* ¡Señor! ¿Pero, qué...?

DON LUIS.—Y la noche de en medio debe de ser para tomar fuerzas, porque como ahora se come tan poco...

DOÑA DOLORES.—Luis, no hace falta que...

DON LUIS.—Cada uno a su aire. Afortunadamente también... *(Vuelve a dirigirse a* MARÍA.*)* tú estás estupenda y te gustan, como es lógico y natural, los hombres, y Luisito ya lo es. *(Corta de pronto su discurso y habla en otro tono.)* Antes de que prosiga... ¿Habéis llegado a mayores?

MARÍA.— *(Se vuelve a dejar caer en la silla, a punto de llorar.)* ¡No, no! ¡Por la Virgen de la Fuencisla que no!

DON LUIS.—Bien, bien, cálmate. Si no es para llorar. A este valle de lágrimas hemos venido a llorar lo menos posible. Y a gozar y a divertirnos lo más que podamos. Lo que ocurre es que, de momento y hasta que las cosas no cambien del todo, es costumbre que en estas diversiones de hombres y mujeres haya por medio algo de dinero o algo de amor, y en vuestro caso no hay ni lo uno ni lo otro. Vosotros hacéis lo que hacéis porque estáis bajo el mismo techo, porque la casa es pequeña y os tropezáis a cada momento... Y nada más... Es mejor que tú te vayas a Torrelaguna a ayudar a tu tía y allí encuentres a un mozo un poco mayor que Luisito, del que te puedas enamorar... Y que Luisito se quede aquí estudiando la Física y solucionando los problemas de su desarrollo como Dios le dé a entender, que para eso era de las Juventudes Católicas. Tienes que irte, María. Todo esto es una injusticia, pero estoy convencido —y tú también— de que tiene que ser así.

MARÍA.— *(Llora ya con un llanto incontenible.)* Estoy muerta de vergüenza. *(Se levanta.)* ¿Me dejan que me vaya a mi cuarto?

DON LUIS.—Sí, mujer, sí. ¿Quieres un trago de anís?

MARÍA.— *(Marchándose ya, muy deprisa.)* No, prefiero agua.

Agustín González y Pilar Bayona representando el cuadro en el que don Luis
solicita de María que abandone la casa

Foto Antonio de Benito

DOÑA DOLORES.—¡Y haz el baúl!

DON LUIS.— *(Tapa, violento, la boca de doña Dolores.)* ¡Calla, mujer! *(Va a sentarse en la silla que hay junto a la mesita de la radio. La enciende.)*

DOÑA DOLORES.—Lo has hecho muy bien.

DON LUIS.—Déjame en paz. Dame el anís.

> *(DOÑA DOLORES sirve el anís y acerca la copa a su marido. Mientras tanto ha empezado a oírse la voz de un locutor.)*

LOCUTOR DE LA RADIO.—... Los intelectuales antifascistas del mundo entero han lanzado una convocatoria pidiendo solidaridad con el pueblo español, y próximamente tendrá lugar una asamblea... [22].

> *(DOÑA DOLORES, al acercar la copa a DON LUIS, le mira a los ojos.)*

DOÑA DOLORES.—Tienes lágrimas.

DON LUIS.—¿Yo? ¡La madre que los parió!

DOÑA DOLORES.—¿A quién?

DON LUIS.—¡Yo que sé!

> *(DOÑA DOLORES le pasa una mano por la cabeza.)*

DON LUIS.—Déjame escuchar la radio.

DOÑA DOLORES.—¿Estás enfadado? Pues aún te queda hablar con Luisito.

---

[22]   Parece referirse al Congreso Internacional de Escritores, que se inauguró en Valencia, el 4 de julio de 1937, para trasladarse a Madrid, ya cercado, donde continuó en la Residencia de Estudiantes de la calle del Pinar, mientras a unos kilómetros sucedía la batalla de Brunete. Hay testimonios de Malraux, Hemingway, André Chamson, Louis Aragón, Dos Passos; entre los españoles, de Bergamín y de Alberti. Sin embargo, el contexto de acontecimientos de estas escenas (combates en la Ciudad Universitaria, salida del Gobierno hacia Valencia) son anteriores y se refieren a noviembre de 1936.

DON LUIS.—¡Déjame escuchar, Dolores!

LOCUTOR DE LA RADIO.—... una medida de gran oportunidad el establecimento del Gobierno en Valencia...

> (DOÑA DOLORES *sale del comedor y, al pasar, llama a* LUIS.)

DOÑA DOLORES.—¡Luis! ¡Tu padre quiere hablar contigo!

VOZ DE LUIS.—¡Voy, mamá!

VOZ DEL LOCUTOR.—... han sido ya designados los miembros que constituirán la junta de Defensa. El cargo de presidente de dicha Junta ha recaído en el general Miaja. Dentro de unos minutos dirigirá la palabra al pueblo de Madrid Dolores Ibárruri, *la Pasionaria.*

> (*En la radio comienza a oírse «La Internacional».*)

LUIS.— (*Entrando en este momento en el comedor.*) ¿Qué quieres, papá?

DON LUIS.—Siéntate. Tengo que hablar contigo. Pero sólo unos minutos. Estoy citado ahora con Oñate y con los otros...

LUIS.—¿Vais a volver a trabajar pronto?

DON LUIS.—De momento vamos a fundar el Sindicato de Distribución Vinícola. Hay que poner las Bodegas en marcha, porque como se han quedado abandonadas...

LUIS.—Pues tú dirás, papá.

DON LUIS.— (*Cierra la radio.*) ¿Te acuerdas de aquello que me dijiste el otro día, lo de las cajas de puros de la viuda del comandante de carabineros?

LUIS.—No es viuda, papá. El padre de Romera ha desaparecido. Pero están seguros de que se ha pasado a la otra zona. Esperan un día de éstos una carta por medio de la Cruz Roja.

DON LUIS.—Bueno, ojalá sea así.

LUIS.—Sí, están casi seguros.

DON LUIS.—Pues lo he pensado. Esa señora tiene cajas de puros, ¿no?

LUIS.—Sí, bastantes. Son de decomiso del contrabando.

LUIS.—Ya. Y quiere cambiarlas por vino.

LUIS.— *(Bromeando.)* No es que sea una borracha... Es que están acostumbrados a beber vino en las comidas. Y, además, piensa que a lo mejor puede cambiar las botellas de vino por garbanzos o por algo así. Nosotros también podríamos cambiar las cajas de puros por víveres, ¿no?

DON LUIS.—Hombre, de momento... No lo había pensado... Pero sí, podemos cambiar algunas cajas y yo fumarme algún purito suelto, ¿no te parece? Porque si no, yo podía cambiar directamente el vino por bacalao, y ya estaba.

LUIS.— *(Ligeramente avergonzado.)* No, papá, si yo creo que tú tienes derecho a fumar puros. ¿Es eso lo que querías decirme?

DON LUIS.—Sí, eso. Que le digas a tu amigo que estoy dispuesto al cambio.

LUIS.—Bueno, se lo diré.

DON LUIS.—¿Y dónde ves a ese amigo? Porque estás casi todo el día encerrado aquí, en casa.

LUIS.—Es que a mamá le da miedo si salgo.

DON LUIS.—Ya, ya; pero no le hagas mucho caso. Hay que hacerse a todas las circunstancias. Hay que vivir siempre.

LUIS.—Sí, eso le digo yo. A veces voy al bar de la esquina, nos vemos en los billares.

DON LUIS.—Ah. ¿Juegas bien?

LUIS.—No, muy mal; pero nos reunimos.

DON LUIS.—Sí, eso es lo importante.

LUIS.—Te advierto que también lo paso bien aquí solo, leyendo.

DON LUIS.—Pero hay que salir, hijo, salir... ¿Y quién va por allí, por los billares?

Agustín González y Gerardo Garrido, padre e hijo en la obra, mantienen una difícil conversación sobre los problemas de adolescencia del segundo

Foto Antonio de Benito

LUIS.—Pues chicos del barrio, algunos señores mayores... Y milicianos de esta calle, cuando están de permiso...

DON LUIS.—¿Y chicas, no?

LUIS.—No, papá. ¿A los billares?

DON LUIS.—Tienes razón. Qué tonterías digo. Pobres chicas, ¿dónde estarán en una situación como ésta?

> *(El padre y el hijo hablan con absoluta indiferencia, como si nada de aquello les importase nada.)*

LUIS.—Casi todas están en sus casas. No las dejan salir. Algunas juegan aquí, en la calle, por las tardes. Desde el balcón se las ve.

DON LUIS.—Ah, ¿se las ve jugar desde el balcón?

LUIS.—Sí; también hay pandas de chicos que juegan a la guerra con botes. Pero son chicos pequeños.

DON LUIS.—Claro. Y chicas pequeñas.

LUIS.—Sí. De las otras, de las que son algo mayores... algunas van al Socorro Rojo.

DON LUIS.— *(Sorprendido.)* ¿Al Socorro Rojo?

LUIS.— *(Sorprendido de que su padre se sorprenda.)* Sí, papá. ¿No sabes lo que es el Socorro Rojo?

DON LUIS.—Sí, hombre. Vamos, creo que sí, que lo sé. Es una asociación para ayuda a los presos, a los perseguidos...

LUIS.—Pues Rovira y otro del colegio, de los mayores, de los de sexto, se han incautado de un piso, ahí, en Cardenal Cisneros, y han puesto un centro del Socorro Rojo.

DON LUIS.—¿Y allí qué hacen?

LUIS.—Pues inscriben socios, recaudan fondos que mandan luego a la central, hacen un periódico mural... se reúnen...

DON LUIS.—¿Con chicas también?

LUIS.—Si están afiliadas... Se reúnen por las tardes.

DON LUIS.—¿Y bailan?

LUIS.—*(Asombrado.)* No, papá. ¿Por qué iban a bailar?

DON LUIS.—Para pasar el rato... ¿Qué hacen cuando no inscriben socios ni mandan fondos?

LUIS.—Pues Rovira dice que se sientan por allí y hablan.

DON LUIS.—*(Dándole una palmada en la rodilla.)* Hazte del Socorro Rojo, hombre, hazte del Socorro Rojo.

LUIS.—Pero es que me da no sé qué.

DON LUIS.—¿No se han hecho tus amigos?

LUIS.—Como yo era de la Juventud Católica...

DON LUIS.—¿Y tus amigos no?

LUIS.—Uno sí, pero es que a ése todo le da igual...

DON LUIS.—¿Y a ti no? Tu madre se quejaba de que llevas un año sin ir a misa.

LUIS.—Es que a mí la misa...

DON LUIS.—Tú eras de la Juventud Católica para jugar al fútbol y al billar.

LUIS.—Sí.

DON LUIS.—Claro; como yo fui del Círculo Maurista. ¿Por qué no te vas a hacer ahora del Socorro Rojo?

LUIS.—¿Por qué tienes tanto interés, papá?

DON LUIS.—No, no, si yo... Lo decía para que no estuvieras todo el santo día leyendo. Leer está bien, pero no a todas horas.

LUIS.—No, papá; por las noches no leo.

DON LUIS.—Ya, ya.

LUIS.—Para no gastar luz.

DON LUIS.—Claro. ¿Qué estás leyendo ahora?

LUIS.—*Los miserables,* de Víctor Hugo.

DON LUIS.—¿Y te gusta?

LUIS.—Sí, muchísimo.

DON LUIS.—¿Qué novelas son las que más te han gustado?

LUIS.—Las de Salgari y las de Sabatini.

Don Luis.—Pero ésas ya las tenías tú. Digo de las que has bajado de la guardilla, de las mías.

Luis.—Pues me parece que *Sin novedad en el frente, Los misterios de París...*

Don Luis.—Y españolas, ¿no has leído? Esas que hay de Felipe Trigo, de Zamacois, de Pedro Mata...

Luis.—No, ésas no... Oye, a ti, ¿cuál es el autor que más te gusta?

Don Luis.—Máximo Gorki.

>*(Suena la explosión de un obús, cercana. Inme-diatamente, otras dos muy seguidas.)*

Don Luis.—Ya estamos.

>*(Fuerte tiroteo, muy continuado. Disparos de fusil, tableteo de ametralladoras, explosiones de granadas.)*

Don Luis.—Qué barbaridad. Parece que están en esta misma calle.

Luis.—Ya hace días que están muy cerca.

Don Luis.—Sí, en la Casa de Campo, en la Universi-taria...

>*(Entran en el comedor, apresurados, nerviosos, precipitados,* Doña Dolores, Doña Anto-nia, Pedrito *y* Julio.)*

Doña Antonia.—¿Han oído la radio?

Don Luis.—Yo la he oído hace un rato.

Doña Antonia.—¿Y han dado noticias?

Don Luis.—Sí, pero no me he enterado muy bien. *(Va hacia la radio y vuelve a conectarla.)*

Doña Antonia.—Mi Pedrito viene de la calle y dice que esto ha terminado.

Don Luis.—*(Refiriéndose al tiroteo que no deja de oírse.)* ¿Sí? Pues nadie lo diría.

(En la radio suena música sinfónica.)

DOÑA ANTONIA.—Son los últimos coletazos. El Gobierno ha huido a Valencia.

DON LUIS.—Se ha trasladado. Pero ya hace días que se estaba procediendo a esa retirada de los mandos. Y lo de que se haya acabado esto no lo veo claro, doña Antonia, porque precisamente hoy llegan a Madrid las brigadas de extranjeros...

DOÑA ANTONIA.—A mi Pedrito le han dicho que ahora, a las tres menos cuarto, iban a dar noticias...

PEDRO.—Sí, eso me han dicho. Y que iba a hablar *la Pasionaria.*

DON LUIS.— *(A su hijo.)* La Pasionaria debe de haber hablado en lo que charlábamos tú y yo.

DOÑA ANTONIA.—¿Y no la han oído ustedes?

DON LUIS.—Es que teníamos otro asunto.

(Se han sentado todos a escuchar la radio. Sigue el tiroteo, las explosiones.)

JULIO.—Mamá, yo tengo que irme al bazar.

DOÑA ANTONIA.—¿Cómo vas a irte ahora, con este combate?

JULIO.—Pero, mamá, si ahora combate lo hay todos los días.

DOÑA ANTONIA.—Bueno, pues espérate un poco, a ver si dicen algo. Es muy pronto. ¿Ustedes no oyen nunca la radio de la otra zona?

DON LUIS.—No señora.

DOÑA ANTONIA.—Pues da noticias mucho mejores. Yo no lo digo por nada, ¿eh?, que ya saben ustedes que nosotros no tenemos radio, pero me han dicho que Unión Radio no dice más que mentiras. Como están con el agua al cuello... *(A* DON LUIS.*)* ¿Por qué no busca usted la otra radio?

PEDRO.—Se oye en onda corta, mamá, y sólo por la noche.

> *(Sin que deje de oírse la música sinfónica, empieza a oírse, cantada a coro por hombres y mujeres, «la Varsoviana»)* [23].

DON LUIS.— *(Que se ha levantado de junto a la radio.)* No dan noticias, doña Antonia. Sólo himnos.

LUIS.— *(Ha ido al balcón.)* Ese himno no es de la radio, papá.

> *(«La Varsoviana» se oye ya más cerca. Sigue el ruido del combate.)*

DON LUIS.—¿No lo estás oyendo?

LUIS.—Pero no es de la radio; es de aquí, de la calle. Baja la radio...

> *(El padre baja el volumen de la radio. Se oye cerquísima el himno.)*

LUIS.—¿No oyes?

PEDRITO.— *(Que también está mirando por el balcón.)* Sí, son milicianos que van al frente.

LUIS.—A la Universitaria.

DOÑA ANTONIA.—Suba, suba la radio, don Luis. Seguro que van a dar noticias.

> (DON LUIS, *de mal humor, sube la radio. Suenan al mismo tiempo las explosiones, los disparos de fusil, el tableteo de las ametralladoras, «la Varsoviana» y la música sinfónica. Todos se sientan a escuchar la radio.)*

TELÓN

---

[23] Himno revolucionario eslavo, convertido con la letra traducida y adaptada en el de los libertarios españoles.

SEGUNDA PARTE

CUADRO VIII

Una cama. Una pequeña estantería con libros. Otros montones de libros por el suelo. Es el cuarto de LUIS

>(LUIS *está con* PABLO; *pero se ocupa de ordenar su biblioteca.* LUIS *lleva dos jerseys, uno encima de otro.* PABLO *no se ha quitado el abrigo, que ya le queda algo raquítico. De vez en cuando* LUIS *suspende su labor para atender con más interés a la conversación. Luz de invierno.)*

PABLO.—Nosotros, es que no podemos irnos a ningún lado...

LUIS.—Claro, ni nosotros.

PABLO.—Pero el Gobierno ha dado orden de evacuar Madrid...

LUIS.—Sí; y todos los días repiten por la radio que el que pueda, que se marche. Mis padres lo han pensado.

PABLO.—Pero tu padre, aquí, trabaja.

LUIS.—Y Manolita. Y yo voy a entrar en la Bodegas dentro de unos meses.

PABLO.—A mí un compañero de mi padre me va a meter de repartidor de telégrafos.

LUIS.—Eso está bien.

PABLO.—Han llamado cuatro quintas.

LUIS.—Sí; y en la otra zona, igual.

PABLO.—Creo que allí, más.

LUIS.—No sé.

PABLO.—Lo digo por mis hermanos. Seguro que Salvador está ya en el frente. Y a lo mejor el otro también. O algo peor, porque es comunista.

LUIS.—¿Sí?

PABLO.—Eso decía. Menudas peloteras armaba en la mesa con mi padre...

LUIS.—Pero tu padre es republicano.

PABLO.—Sí, pero no comunista. Jerónimo es partidario de que no haya propiedad, que todo sea del Estado, y que los hijos no hereden a los padres, y del amor libre y todo eso...

LUIS.—A mí no me parece mal; lo que creo es que no se puede hacer.

PABLO.—¿El qué no te parece mal?

LUIS.—Todo eso que dice tu hermano.

PABLO.—¿Lo del amor libre tampoco?

LUIS.—Hombre, el amor debe ser libre.

PABLO.—¿Sí? ¿Tú crees? Pero en los países que hay amor libre, no hay putas.

LUIS.—Claro que no.

PABLO.—Entonces, cuando un hombre quiere joder...

LUIS.—Pues busca una mujer que también quiera.

PABLO.—¿Y si quiere, pero no con él?

LUIS.—Pues busca otra.

PABLO.—¿Y si ninguna quiere?

LUIS.—¡Coño, qué difícil lo pones!

PABLO.—No lo pongo yo, es que es muy difícil. Porque si hay matrimonio, la mujer que se casa tiene que joder. Y si hay putas, las pagas, y ya está. Pero si no hay ni lo uno ni lo otro, todas van a ser para Clark Gable.

LUIS.—No sé... No sé cómo tendrán arreglado eso.

PABLO.—Yo tampoco. Bueno, dame la novela.

LUIS.—Mira, éstas son las que te decía. Las de Eduardo Zamacois, Pedro Mata, Felipe Trigo... [24].

---

[24]   Grupo generacional de novelistas españoles populares que, junto a otros (Alberto Insúa, Rafael López de Haro, «El caballero audaz»...) escribían, con mejor o peor fortuna literaria, novelas costumbristas impregnadas de erotismo.

PABLO.—¿Son verdes?

LUIS.—Sí. Pero no son como las que llevaba Cascales al colegio. Son más serias, mejor escritas...

PABLO.—¿Y te ponen cachondo?

LUIS.—Claro. Lo que pasa es que sólo en algunos capítulos. Yo los otros me los salto.

PABLO.—Es natural. ¿Y has leído muchas?

LUIS.—Todas. Por eso te puedo prestar la que quieras.

PABLO.—Tú verás. Dame la que te parezca mejor.

LUIS.—Toma esta.

PABLO.—Cuando la acabe me dejas otra. (PABLO *se mete la novela entre el pantalón y los calzoncillos.*)

LUIS.—La que tú quieras. ¿Por qué te la metes ahí?

PABLO.—Para que no me la vea Florentina.

LUIS.—¿Quién, tu criada? ¿Pero se preocupa de eso?

PABLO.—Sí, se preocupa de todo. Como se ha quedado sola con mi hermana y conmigo... Bueno, la verdad es que ahora se preocupa menos... Se ha casado, ¿sabes?

LUIS.—¿Florentina?

PABLO.—Sí. Se ha casado de repente. Como se casan ahora. Con un extranjero, uno de esos de las brigadas internacionales.

LUIS.—¿Y se ha ido de casa; estáis vosotros solos?

PABLO.—No; sigue viviendo allí, en mi casa, fíjate, en casa de mis padres.

LUIS.—¿Con él, con su marido?

PABLO.—Claro.

LUIS.—¿Y vivís todos juntos en el piso, tu hermana, tú, la muchacha y el de las brigadas?

PABLO.—Sí. Bueno, ahora no, porque él está en el frente. Pero cuando viene a Madrid, allí se mete.

LUIS.—Hombre, si están casados...

PABLO.—Pero es la casa de mis padres.

LUIS.—Sí, eso sí.

PABLO.—Ella, el otro día, me dijo que lo había hecho para ayudarnos, porque ya no sabía qué hacer para encontrar comida... Como nos hemos quedado sin casi nada de dinero...

LUIS.—Pero tu tío, el anticuario...

PABLO.—¿El de Alicante?

LUIS.—Sí. ¿No os mandaba dinero?

PABLO.—Le han dado el paseo. Nos hemos enterado hace unos días.

LUIS.—Y entonces se ha casado Florentina, ¿no?

PABLO.—Sí.

LUIS.—Pues es verdad que lo ha hecho por vosotros.

PABLO.— *(Con cierta rabia contenida, que intenta disimular.)* Y porque le gusta el de las brigadas.

LUIS.— *(En persona mayor.)* Bueno... claro... Florentina es una mujer.

PABLO.—Pero se meten allí, en casa.

LUIS.—¿Y se acuestan en la alcoba de tus padres?

PABLO.—Sí. Ella no quería, pero él la ha convencido.

LUIS.—¿Os lleva comida?

PABLO.—Sí. El otro día llevó mucha. Nos sentamos todos juntos en el comedor: mi hermana, yo, y ellos dos... pusieron el gramófono... Y él abrió muchas latas... de unas comidas raras que yo no sé lo que eran...

LUIS.—¿Y tú comiste?

PABLO.— *(A punto de llorar.)* Claro, claro que comí... hace la mar de tiempo que no comía tanto.

LUIS.—Pero ¿por qué lloras?

PABLO.—Si no lloro. Es que hace mucho frío.

LUIS.—Estás llorando. ¿Por qué?

PABLO.—No lo sé, Luis...

LUIS.— *(De un salto vuelve a la estantería donde están los libros. Trata de hablar en tono de broma.)* Me parece que tú estás cabreado porque te gusta Florentina.

PABLO.—¡No seas gilipollas, qué me va a gustar!

LUIS.— *(Señalando uno de los estantes.)* Éstas son de aventuras, pero también tienen capítulos que ponen cachondo.

PABLO.—¿Cuáles?

LUIS.— *(Sacando un libro.)* Ésta por ejemplo: *Margarita de Borgoña.*

VOZ DE DOÑA DOLORES.—¡Luisito! ¿Puedes venir? ¡Ha venido tu primo!

LUIS.— *(Entreabre la puerta.)* ¿Qué primo?

VOZ DE DOÑA DOLORES.—¿Cuál va a ser? ¡Anselmo, el de La Almunia!

LUIS.— Es que estoy con Pablo, ¡estamos estudiando!

VOZ DE DOÑA DOLORES.—¡Pues venid los dos! ¡Quiere verte!

CUADRO IX

Comedor de DOÑA DOLORES

(Están DOÑA DOLORES, DON LUIS, MANO-
LITA *y el primo* ANSELMO, *un joven vestido de
miliciano, con sus pistolas y un pañuelo rojo y
negro al cuello.)*

ANSELMO.—Pues sí, hombre, me parece cojonudo
que os hayáis incautado de las Bodegas. Allí en Aragón
hay muchas industrias que están colectivizadas.

DON LUIS.—Sí, ya lo sé.

ANSELMO.—Y la tierra, también la tierra.

(Entran en el comedor LUIS *y* PABLO.)

LUIS.—Hola, Anselmo.

ANSELMO.—¡Coño, cómo has crecido!

DOÑA DOLORES.—Va a hacer dos años que no os
veíais.

ANSELMO.—Tienes razón, porque el año pasado se
jodió el veraneo.

LUIS.—Este es Pablo, un compañero de colegio.

ANSELMO.—¿Cómo estás?

PABLO.—Bien, gracias.

DON LUIS.—Yo tuve noticias de que estabas en la Universitaria, pero creí que si tenías suerte lo primero que harías sería venir por casa.

ANSELMO.—Eso pensaba. Pero me mandaron con un coche a llevar a Valencia a uno del alto mando. Y hasta hoy no he vuelto. Ya veis, lo primero que he hecho...

DON LUIS.—Y aquello, ¿cómo está? Me han dicho que es la Costa Azul...

ANSELMO.—Mira, no me preguntes, no me preguntes, porque vengo echando leches... Sale uno de aquí, del barro, de la mierda, de la sangre, de los montones de amigos muertos, del hambre... Y se encuentra con aquello, ¡qué cabronada, tío! Hazte una idea: los puestos del mercado están llenos de comida...

DOÑA DOLORES.—¡No me digas! Y ¿por qué no mandan?

ANSELMO.—De verdad, hay de todo. Bueno, por lo menos de todo lo que yo conozco. Y más, más, porque en La Almunia no había tantas cosas: pavos, gallinas, turrón, piñas, dátiles, naranjas —eso, claro, por descontado—, granadas... Pero de las de comer, ¿eh?; de las otras, ni una. *(Por el tableteo de las ametralladoras, los disparos de fusil que suenan de vez en cuando:)* Y esa música no la han oído. Pero ¿vosotros no compráis la *CNT?* [25].

DON LUIS.—Sí, y el *A B C* por las mañanas.

ANSELMO.—¿Y no habéis leído los versos que ponen?

DON LUIS.—A veces.

ANSELMO.— *(Repitiendo unos versos que recuerda.)* «... tenéis carne, tenéis fruta — porque hay de todo en Valencia: — huevos duros, huevos blandos — pero no de los que cuelgan.» ¡Qué tío, qué gracia tiene! Por lo visto, allí les han gustado siempre las bandas de música,

---

[25] *CNT* fue el título de un diario fundado en la guerra civil que correspondía a la ideología del sindicato libertario. *A B C,* el viejo periódico monárquico, fue incautado por el Partido Socialista y no interrumpió nunca su publicación.

Al comenzar la segunda parte de la obra aparece en escena un nuevo personaje: Anselmo. En la fotografía, de izquierda a derecha, Enriqueta Carballeira (Manolita), Fernando Sansegundo (Anselmo), Berta Riaza (doña Dolores), Gerardo Garrido (Luis) y Alberto Delgado (Pablo)

Foto Antonio de Benito

y en la plaza hay todos los días una dándole a las marchas y a las zarzuelas. Como en la feria, de verdad, como en la feria. Y unas gachís con unas cestas vendiendo flores... Y limpiabotas... De todo, de verdad, de todo, ¡no veas!... En lo único que se nota la guerra es en que hay carteles pegados por las paredes, «El enemigo escucha» y leches de ésas. También se ven milicianos, claro, como yo, de los que llegan de otra parte. Pero, lo que es los emboscados de allí, todos bien vestidos, bien lavados... Y en cuanto sale un poquito de sol, hala, a la calle a pasear.

DOÑA DOLORES.—Igual que aquí.

ANSELMO.—Sí, igualito, igualito.

DOÑA DOLORES.—Ay, quién estuviera en Valencia.

ANSELMO.—Para vosotras, para las mujeres, es la gloria. Pero, de verdad, a nosotros se nos sube la sangre a la cabeza.

DOÑA DOLORES.—Y tú que vienes del frente y has estado en Valencia con el Gobierno...

ANSELMO.—No tanto.

DOÑA DOLORES.—Pero estarás enterado de más cosas que nosotros. Porque aquí oímos la radio, sí, y nos llegan bulos y más bulos todos los días, pero no se puede una fiar. Algunas veces hemos oído la radio del otro lado...

ANSELMO.—Bah, una sarta de mentiras. Propaganda.

DOÑA DOLORES.—Ya, por eso digo, tú, ¿cuándo crees que acabará esto?

ANSELMO.—En seguida. ¿No ves cómo les hemos sacudido aquí? En la Universitaria, en la Casa de Campo, en todo el frente. Hemos ganado la batalla. Les hemos parado. ¡No han pasado! ¿Lo habéis visto? ¡No han pasado! Y la repercusión internacional que esto ha tenido, ¡no veas! Porque los fascistas se lo han jugado todo a tomar Madrid. Y no lo han tomado. Ahora están que no saben qué hacer. Además, Francia va a abrir la frontera y entonces entrará todo lo que queramos: armas, víveres, lo que sea. Cuestión de días, ya os digo.

DOÑA DOLORES.—Dios te oiga. Perdona, ojalá, quiero decir. Porque aquí se ven las cosas tan distintas... Combates y más combates..., bombardeos, hambre... No pasa día sin que nos llegue la noticia de una muerte.

DON LUIS.—¿Sabes lo de Heliodoro y la Catalina?

ANSELMO.—¿El qué?

DON LUIS.—Murieron en el bombardeo del barrio de Argüelles. Los dos. A la niña la han evacuado a Alicante.

DOÑA DOLORES.—¿Y lo de tu primo Antonio, el nieto de la tía Eudosia?

ANSELMO.—Casi no le conozco. ¿Qué le ha pasado?

DOÑA DOLORES.—Le dieron el paseo.

ANSELMO.—¿Quién, los de Falange?

DOÑA DOLORES.—No...

DON LUIS.— *(Interrumpiendo a* DOÑA DOLORES.) Bueno, no se sabe...

ANSELMO.—¿Cómo que no se sabe? Si era un obrero. Carpintero, ¿no?

DOÑA DOLORES.—Sí, pero como trabajaba en un convento...

DON LUIS.—Escondió en su casa unas casullas o algo así.

ANSELMO.—¡A quién se le ocurre!

DOÑA DOLORES.—El hombre era muy religioso.

ANSELMO.—¿Sí? Pues era un equivocado, eso es lo que era, un equivocado. ¿Cómo se puede ayudar a los curas, hombre? Los curas y los militares se han vendido al capital para hacernos la puñeta a nosotros, a los de siempre, a los que arrimamos el hombro. Pero, joder, si eso lo ve un ciego.

DOÑA DOLORES.— *(Conteniendo las lágrimas.)* Pero el pobrecillo era tan infeliz...

DON LUIS.—No remuevas ahora esas cosas, mujer.

ANSELMO.—No empieces con lloros, tía, que yo venía muy contento.

DOÑA DOLORES.—Claro, como tú crees que esto está acabando...

ANSELMO.—Que está acabando y que todo va a ser distinto. Distinto y mucho mejor que antes. Vendrá la paz, pero una paz cojonuda y para mucho tiempo. Ya no nos cargaremos a nadie; sólo al que no quiera trabajar, al que escurra el bulto; a ése sí. Se terminó ya lo de los explotadores y los explotados. *(A* LUIS.) Tú ya trabajas, ¿no?

DON LUIS.—En cuanto cumpla los dieciséis va a entrar en la oficina conmigo.

DOÑA DOLORES.—Ahora para andar por la calle hace falta la carta de trabajo.

ANSELMO.—Natural. Ya habrá tiempo, cuando la sociedad libertaria esté en marcha, de trabajar lo menos posible, que ese es el ideal.

MANOLITA.—¿Ah, sí?

ANSELMO.—Anda ésta, pues claro. Primero, a crear riqueza; y luego, a disfrutarla. Que trabajen las máquinas. Los sindicatos lo van a industrializar todo. La jornada de trabajo, cada vez más corta; y la gente, al campo, al cine o a donde sea, a divertirse con los críos... Con los críos y con las gachís... Pero sin hostias de matrimonio, ni de familia, ni documentos, ni juez, ni cura... Amor libre, señor, amor libre... Libertad en todo: en el trabajo, en el amor, en vivir donde te salga de los cojones... ¿Que te gusta Madrid? Pues Madrid. ¿Que te gusta la montaña? Pues la montaña.

LUIS.—¿Y al que le guste irse al extranjero?

ANSELMO.—Pues al extranjero. ¿Qué coño importa eso? ¡Las fronteras a tomar por el culo! ¿Tú crees que el ejemplo de España no va a cundir? Claro que va a cundir: la sociedad libertaria será una sociedad internacional y cada trabajador trabajará donde le apetezca. Y en lo otro, ya te digo, Manolita, se acabó esa vergüenza que habéis pasado siempre las mujeres. Os acostáis con el que os guste.

PABLO.—¿Y el que no guste...? *(No le sale la voz, carraspea antes de seguir.)*

ANSELMO.—¿Qué?

PABLO.—¿El que no guste a las mujeres?

ANSELMO.—Siempre hay un roto para un descosido. Pero, ya os digo, nada de eso de los hombres y las mujeres es pecado. Se acabó el pecado, joder. Únicamente hay que respetar, eso sí, el mutuo acuerdo entre la pareja. Que uno se quiere largar, pues se larga. Pero nada de cargarse a la chica a navajazos. Cada uno a su aire. Y en la propiedad, ni tuyo ni mío. Los mismos trabajadores organizan la distribución de los frutos del trabajo, y ya está. Y la educación, igual para todos, eso por descontado. Tendrás todos los libros que quieras, Luis, para que sigas con tu manía. Y para que enseñes a los demás trabajadores, que ahí está la madre del cordero.

DOÑA DOLORES.—¿Y de verdad tú crees que será pronto todo eso que dices?

ANSELMO.—Pero, tía Dolores, si está a la vuelta de la esquina. Bueno, si nos dejan.

DON LUIS.—¿No dices que esto se ha acabado?

ANSELMO.—Sí, pero quedan los chinos.

DOÑA DOLORES.—¿También van a entrar los chinos en esta guerra?

DON LUIS.—Mujer, ellos llaman chinos a los comunistas.

DOÑA DOLORES.—Ah, no lo sabía.

LUIS.—Yo tampoco.

ANSELMO.—Yo les comprendo, ¿eh?, les comprendo, sé por dónde van con la táctica y la oportunidad y todo eso. Lo que pasa es que están equivocados. Un estado fuerte, un estado fuerte... ¿y a mí qué más me da que me haga la puñeta el cacique o que me la haga el Estado? Yo lo que quiero es que no me hagan la puñeta. *(Ha echado una mirada al reloj.)* Y me largo, que me están esperando a la puerta de Chicote.

(Se levantan todos y le van despidiendo pisándose las frases unos a otros.)

DOÑA DOLORES.—Vuelve pronto.

DON LUIS.—Adiós, Anselmo, que tengas mucha suerte.

ANSELMO.— *(A* LUIS.) Tú estudia la Física ésa, no hagas rabiar a tu madre.

LUIS.—Pero ¿va a seguir habiendo exámenes?

ANSELMO.—Ah, yo de eso no sé nada. *(A* PABLO.) Adiós, chaval.

MANOLITA.—Hasta muy pronto, Anselmo.

ANSELMO.—Que esta tarde voy a verte al teatro, ¿eh?

MANOLITA.—Casi no hago nada, no te vayas a creer.

ANSELMO.—Hombre, claro: estás empezando.

> *(Dos explosiones de obús muy cerca. Se quedan todos quietos un instante. Y en silencio. Una explosión más.)*

DOÑA DOLORES.—Al sótano, al sótano.

MANOLITA.—Vamos al sótano.

DOÑA DOLORES.— *(Coge de una mano a* ANSELMO.) Ven, ven, en el sótano hay un refugio.

DON LUIS.—En el almacén del escultor.

> *(Van saliendo todos rápidamente.)*

VOZ DE ANSELMO.—Yo tengo que ir a Chicote.

VOZ DE DOÑA DOLORES.—¿Cómo vas a salir ahora?

VOZ DE MANOLITA.—Yendo por la acera segura...

VOZ DE LUIS.—Y de portal en portal...

> *(Continúan las explosiones.)*

CUADRO X

Comedor de DOÑA ANTONIA

(Sentadas a la mesa, DOÑA ANTONIA, DOÑA MARCELA —la anciana madre de DON AMBRO-SIO— y DOÑA DOLORES. Está abierta la ventana que da al patio. En el alféizar hay un botijo, y la persiana está a medio echar. Una botella de anís de DOÑA DOLORES y unas copitas, en la mesa. Alguna de las señoras se airea de vez en cuando con un abanico. Suena algún que otro disparo suelto, casi siempre seguido de una corta ráfaga de ametralladora.)

DOÑA DOLORES.— *(Siguiendo una conversación ya iniciada.)* Pues a mí me tiene muy preocupada, de verdad. Una incautación, al fin y al cabo, es una incautación. Es quedarse con lo que es de otros.

DOÑA MARCELA.—Pero, mujer, si eso ahora es el pan de cada día.

DOÑA ANTONIA.—Además, lo hicieron con buen fin: para que la gente tuviera trabajo.

DOÑA DOLORES.—Sí, y para que a Madrid llegaran los suministros. Eso sí es verdad. Porque las Bodegas estaban empantanadas... Pero a mí, cuando me lo dijo, me dio mucho miedo. Le dije que por qué no esperaban a que esto pasase.

DOÑA ANTONIA.—Pues cuando esto pase, de poco se van a poder incautar.

DOÑA DOLORES.—Mujer, depende de quién gane. Aún está la pelota en el tejado. Al fin y al cabo, lo que dice Luis de que los beneficios se los deben repartir los que trabajan, me parece razonable.

DOÑA MARCELA.—Esa monserga se la vengo oyendo a mi marido desde hace cuarenta años. Cháchara, ¿sabe usted, doña Dolores?, cháchara nada más.

DOÑA ANTONIA.—Yo creo que las cosas estaban bien como estaban. Y que lo que tienen que hacer los hombres es trabajar, procurar relacionarse lo mejor posible, y nosotras pedir a Dios que les ayude.

DOÑA DOLORES.—Pero es que no todos trabajan, doña Antonia. Y ahí ha estado el mal.

DOÑA MARCELA.—Cháchara, doña Dolores, cháchara.

(Una chica joven pasa por el fondo, hacia la puerta de la casa.)

ROSA.—Adiós, doña Antonia.
DOÑA ANTONIA.—Adiós, Rosa.

(Suena el golpe de la puerta al cerrarse.)

DOÑA ANTONIA.—¿Otra copita? Ah, y muchas gracias por la botella, doña Dolores.

DOÑA DOLORES.—Tenemos que aprovechar. Porque las que teníamos ya se nos han acabado. Y ahora van a llegar con cuentagotas.

DOÑA ANTONIA.—¿Ahora que su marido es mandamás?

DOÑA DOLORES.—¿Qué dice usted? Ahora habrá mucho más control. *(Para hablar de otra cosa.)* ¿Tienen ustedes criada?

DOÑA ANTONIA.—¿Nosotros? ¿Criada?

Doña Marcela (Mari Carmen Prendes), doña Dolores (Berta Riaza) y doña Antonia (María Luisa Ponte), conversan en el comedor de esta última

Foto Antonio de Benito

DOÑA DOLORES.—Como he visto a esa chica...

DOÑA ANTONIA.—Pero ¿no se lo dije a usted, doña Dolores?

DOÑA DOLORES.—¿A mí?

DOÑA ANTONIA.—La otra noche, después de oír Radio Burgos. El día que dieron la noticia de la ocupación de Santander.

DOÑA DOLORES.—A mí no me ha dicho usted nada. O, a lo mejor, sí, porque es que no sé dónde tengo la cabeza.

DOÑA ANTONIA.—Ni yo, ni yo; no me extrañaría que, sin habérselo dicho, creyera que se lo había dicho. No saben ustedes, no saben ustedes cómo me tiene esto... Es la novia de Pedrito.

DOÑA DOLORES.—¡Ah!

DOÑA MARCELA.—¿Su prometida?

DOÑA ANTONIA.—No sé, no sé... A mí no me parece mal que tenga novia. El otro, no; pero éste siempre ha sido un díscolo... Pero que la traiga aquí... Pero, ya ven, dice que la pobre se ha quedado sin casa..., sola en Madrid... y ¿qué va a hacer una?

DOÑA MARCELA.—¿Y qué tal chica es?

DOÑA ANTONIA.—Pues ¿qué quiere usted que le diga, si apenas la conozco?

DOÑA MARCELA.—No, que si trabaja.

DOÑA ANTONIA.—Eso, sí. Dispuesta sí parece. Se levanta temprano y lo limpia todo. Ahora se iba a la cola, que dicen que van a dar patatas.

DOÑA DOLORES.—Pues menos mal.

DOÑA ANTONIA.—Y cuando esto pase, ya veremos. Ya veremos si la largamos.

DOÑA DOLORES.—O si se casan.

DOÑA ANTONIA.—Por Dios, qué se van a casar. Si él es un crío y ella es una chica de no sé qué pueblo, sin casa, sin familia...

DOÑA MARCELA.—Familia sí tendrá. No va a haber nacido de una col.

Doña Antonia.—Pues si la tiene, ha desaparecido, o la han matado, o vaya usted a saber.

(El tiroteo se generaliza. Explosiones.)

Doña Dolores.—Hay combate.

Doña Antonia.—Sí.

Doña Marcela.—*(A* Doña Antonia.*)* ¿Ha terminado usted con lo suyo?

Doña Antonia.—¿Qué?

Doña Marcela.—Que si ha acabado usted de contar sus desgracias.

Doña Antonia.—Sí, doña Marcela, sí.

Doña Marcela.—Pues ahora voy a contar yo mis alegrías.

Doña Dolores.—No me diga. ¿Alegrías en estos tiempos?

Doña Marcela.—Me divorcio, doña Dolores.

Doña Antonia.—¿Qué dice usted?

Doña Marcela.—Que me divorcio, doña Antonia.

Doña Dolores.—Pero..., perdóneme doña Marcela, ¿a estas alturas?

Doña Marcela.—¿Y a qué alturas quiere usted que lo hubiera hecho, si antes no había divorcio? Miren ustedes, en cuanto lo implantaron, al llegar la República, pensé pedirlo..., y ya me dirán lo que hubieran hecho ustedes casadas con ese cafre... Pero no lo hice, por mi hijo... Estaban a punto de nombrarle director del banco, de la sucursal de Teruel, y yo no iba a dar la campanada. Pero ahora, en esta situación, que cada uno hace lo que le sale de las narices...

Doña Dolores.—Pero, su marido, ¿está de acuerdo?

Doña Marcela.—¿Y qué va a decir él? Si toda la vida ha sido partidario de la libertad, del progreso, del librepensamiento... ¡Si hasta creo que un día vio de lejos a Pablo Iglesias! Ese mastuerzo no puede decir nada.

Doña Antonia.—Pero ¿le parece bien?

DOÑA MARCELA.—Él tiene más ganas de perderme de vista que yo a él.

DOÑA DOLORES.—Pero para divorciarse creo que hacen falta unas causas.

DOÑA MARCELA.—Incompatibilidad de caracteres.

DOÑA DOLORES.—Si llevaban ustedes casados... ¿cuántos años?

DOÑA MARCELA.—Cuarenta y ocho. A ver si al cabo del tiempo no vamos a saber si somos o no somos incompatibles.

DOÑA ANTONIA.—Cómo me gustaría tener el humor que usted tiene, doña Marcela.

CUADRO XI

Comedor de DOÑA DOLORES

(Están sentadas, hablando, la madre y la hija. Algo acaba de decir la hija que ha espantado a la madre, que le ha hecho llevarse las manos a la boca.)

DOÑA DOLORES. — Pero ¿tú estás segura?

MANOLITA. — Sí, mamá, ya te lo he dicho.

DOÑA DOLORES. — ¡Dios mío, Dios mío! ¿Y cuánto... cuánto tiempo llevas?

MANOLITA. — Ya voy para el cuarto mes.

DOÑA DOLORES. — ¡Madre mía! No se puede hacer nada...

MANOLITA. — No, mamá.

DOÑA DOLORES. — Además, en estas circunstancias, ¡calla, calla! Pero ¿por qué no me lo has dicho antes?

MANOLITA. — ¿Para qué, mamá? Sabía que te haría sufrir. Cuanto menos tiempo, mejor.

DOÑA DOLORES. — Y ahora... tú te vas a tu trabajo y yo me quedo aquí... Y cuando tu padre y tu hermano vengan de la oficina, ¿qué les digo?

MANOLITA. — Hoy no les digas nada. Con papá, prefiero hablar yo.

DOÑA DOLORES. — ¿De verdad, hija? ¿No te da miedo?

MANOLITA.—Es un problema mío, mamá. Y estoy segura de que él sabrá comprenderlo.

DOÑA DOLORES.—Pero, ¿el qué va a comprender? ¿El qué?

MANOLITA.—Además, mamá, esto ahora no es tan trágico como tú lo ves. ¿Se te ha olvidado todo lo que explicó Anselmo?

DOÑA DOLORES.—Eso son locuras.

MANOLITA.—No lo son.

DOÑA DOLORES.—Son sueños.

MANOLITA.—Las cosas no son como antes, de verdad.

DOÑA DOLORES.—Ya te lo decía yo, ya te lo decía yo...

MANOLITA.—¿El qué me decías?

DOÑA DOLORES.—El teatro, hija, el teatro. ¿Quién es el padre? Un cómico, ¿no?

MANOLITA.—No, mamá. Sería todo más fácil.

DOÑA DOLORES.—¿Y qué dice? ¿Quiere casarse?

MANOLITA.—Deja eso, mamá.

DOÑA DOLORES.—¿Y por qué dices que sería todo más fácil?

MANOLITA.—No es un cómico. Era un militar, un capitán.

DOÑA DOLORES.—¿Era?

MANOLITA.—José Fernández. Un miliciano de un batallón de los sindicatos. Pero le habían hecho capitán.

DOÑA DOLORES.—Manolita...

MANOLITA.—Le han matado en la sierra.

DOÑA DOLORES.—¡Hija mía!

MANOLITA.—Nos queríamos mucho, mamá. No soy ninguna mujer engañada. No nos habríamos casado, porque ninguno de los dos creíamos en eso... Pero habríamos vivido juntos hasta que nuestro amor se hubiese acabado.

DOÑA DOLORES.—¡Esta guerra, esta maldita guerra!

MANOLITA.—Una cosa así me podía haber ocurrido aunque no hubiera guerra.

DOÑA DOLORES.—Pero no le habrían matado, hija.

MANOLITA.—A lo mejor no.

DOÑA DOLORES.—Y ahora... ¿ese hijo? En estos momentos... Sin comida ni para nosotros, que ya no tenemos nada que llevarnos a la boca... ¿Qué vamos a hacer?

MANOLITA.—Mamá, no creo que, desde que empezó la guerra, sea la única mujer que ha tenido un hijo.

DOÑA DOLORES.—Y cuando esto acabe..., soltera, con un hijo... Tú no sabes lo que es eso.

MANOLITA.—Ahora eso no tiene nada que ver, mamá.

DOÑA DOLORES.—¿Tú crees? Y de momento no podrás trabajar. En ese oficio tuyo...

MANOLITA.—Durante dos o tres meses más, sí. Y luego, cuando no pueda trabajar, cobro igual.

DOÑA DOLORES.—¿Estás segura?

MANOLITA.—Eso me han dicho.

(Suena el timbre de la puerta. DOÑA DOLORES va a abrir.)

DOÑA DOLORES.—¿Quién demonios será ahora?

(Ruido de la puerta al abrirse.)

VOZ DE DOÑA ANTONIA.—Buenas tardes.

VOZ DE DOÑA DOLORES.—Pase, pase, doña Antonia.

VOZ DE DOÑA ANTONIA.—Gracias, doña Dolores.

(Entran las dos en el comedor. DOÑA ANTONIA viene acongojada, y se queda cortada al ver a MANOLITA.)

DOÑA ANTONIA.—Ah, está aquí Manolita.

MANOLITA.—¿Cómo está usted, doña Antonia?

DOÑA ANTONIA.—¿Cómo quieres que esté, hija? *(No*

disimula su congoja.) No gana una para disgustos. *(Saca un pañuelito.)*

DOÑA DOLORES.—Pero ¿está usted llorando?

DOÑA ANTONIA.—Doña Dolores, he entrado porque tengo necesidad de hablar con alguien. Si no, me voy a ahogar, doña Dolores, créame, me voy a ahogar. Creí que estaba usted sola, pero no me importa, no me importa que esté aquí Manolita, no me importa...

MANOLITA.—Si quiere hablar a solas con mi madre...

DOÑA ANTONIA.—Quédate, quédate; ya eres una mujer.

DOÑA DOLORES.—Pero ¿qué le ha pasado, doña Antonia? ¿Quiere una copita? Anís ya no tenemos, pero nos queda vino...

DOÑA ANTONIA.—Deme lo que tenga, por favor. Y un vaso de agua. Esa mujer..., esa mujer..., doña Dolores... Esa mujer que tengo ahí en casa, la novia de mi hijo Pedrito, es una mala mujer...

DOÑA DOLORES.—¿Qué le ha hecho?

DOÑA ANTONIA.—No, no me ha hecho nada. La pobre se porta muy bien. Y hasta creo que me ha tomado cariño. Pero es una mala mujer, usted ya me entiende.

DOÑA DOLORES.—No, doña Antonia.

DOÑA ANTONIA.—Es... es una mujer de la calle... *(La pobre mujer tiene un nudo en la garganta, desfallece.)*

DOÑA DOLORES.— *(Después de una breve pausa en la que no sabe lo que decir.)* Vamos, vamos, doña Antonia... Beba, beba usted un trago.

DOÑA ANTONIA.— *(Entre ahogos.)* Me lo han dicho en un anónimo.

MANOLITA.—¿En un anónimo?

DOÑA ANTONIA.—Sí... Entre esas mujeres debe de haber muchas malquerencias... Ya se pueden ustedes imaginar... Y alguien... no sé... alguna envidiosa... O un hombre despechado, yo qué sé... Me ha mandado una carta horrible... No se pueden hacer una idea... La he roto en mil pedazos, la he quemado.

DOÑA DOLORES.—Pero, mujer, a lo mejor es todo un enredo, una calumnia.

DOÑA ANTONIA.—No, no. Se lo he preguntado a él, a mi Pedrito. Y es verdad, él me lo ha dicho. Y que no le importa. Y que la quiere. Y que no está dispuesto a que se vaya de casa. Y que ella también le quiere. Pero ¡cómo voy yo a vivir bajo el mismo techo con esa mujer! ¡Y con mi hijo!

DOÑA DOLORES.—Beba agua. Le irá mejor.

DOÑA ANTONIA.—Y es verdad. Se quieren. Yo lo noto. Se quieren...

DOÑA DOLORES.—Doña Antonia... Ahora las cosas están cambiando... Algunas han cambiado ya del todo... Y hay problemas que antes parecían muy gordos y ahora ya no son nada... Fíjese usted, lo que hacía esa chica, Rosa, por ejemplo, dentro de nada, cuando esto acabe, ya nadie lo hará. Y entonces, ¿quién se va a acordar de que ella lo hacía? Y aunque se acuerden, ¿a quién le va importar? Este ya no es nuestro mundo, doña Antonia. Y el mundo que va a venir, mucho menos. Nosotras hacemos una tormenta de lo que ya no es más que una gota de agua. ¿Ahora quién les va a criticar a ustedes, doña María Luisa, la casera, porque su marido hace santos? Pues a lo mejor dentro de poco lo que ya no dejan es hacer santos. ¿No ha dicho usted siempre que Rosa es una buena chica, y muy limpia y muy trabajadora? ¿No dice usted ahora que los dos se quieren, y que ella se ha encariñado con usted? Pues, hala, a vivir... De ahora en adelante el amor es libre, doña Antonia. ¡Lo que nos hemos perdido usted y yo!

CUADRO XII

El sótano de la casa

(Al principio, oscuro total. Suena la explosión de un obús. Luego otra. Inmediatamente, dos más seguidas. Ruido de una puerta al abrirse. Se enciende la luz de una bombilla que cuelga del techo.)

En el sótano hay amontonados grandes cajones de madera y algunas cajas de cartón, y muchas figuras, grandes, de vírgenes y santos de escayola, blancos, sin policromar

(Entran, no con excesiva precipitación, sino con cierta costumbre, DOÑA MARÍA LUISA —la casera—, MALULI —su hija, quince años—, una vecina y un vecino de edad y aspecto indeterminados, DON AMBROSIO, LAURA, DOÑA MARCELA, LUIS, DOÑA DOLORES, MANOLITA —con un niño de pecho en brazos—, DON LUIS y dos señoras y un señor. Todos visten de verano muy descuidadamente, como de andar por casa. Siguen sonando las explosiones de los obuses.)

DOÑA MARÍA LUISA. —Cierra la puerta, Maluli.
MALULI. —¿Qué, mamá?

DOÑA MARÍA LUISA.—Que cierres la puerta, hija.

MALULI.—Sí, mamá. *(Va a cerrar.)*

DON AMBROSIO.—Aún quedan muchos por bajar.

LAURA.—Pero si ya no baja casi nadie.

VECINO.—Claro; antes, cuando esto empezó, bajaban casi todos, pero ahora ya no.

DOÑA DOLORES.—Se han acostumbrado.

DON LUIS.—La gente se acostumbra a todo.

DOÑA MARÍA LUISA.—Eso digo yo siempre. Y si no fuera por los que se empeñan en alborotar, podríamos todos vivir en paz y tranquilidad.

DOÑA DOLORES.—*(A* DOÑA MARCELA.*)* El primero que se negó a bajar al refugio fue su marido, doña Marcela... Bueno, perdón, su ex marido.

DOÑA MARCELA.—Por llevar la contraria.

VECINA.—Yo le conozco poco, pero me parece un señor muy amable.

DOÑA MARCELA.—¿Sí? Pues también dice que no baja porque prefiere morirse lejos de mí. La felicito a usted por conocerle poco.

(Suenan golpes en la puerta.)

DOÑA MARÍA LUISA.—Abran, por favor.

DOÑA DOLORES.—*(A* LUIS, *que está cerca de la puerta.)* Abre, Luisito.

*(*LUIS *abre la puerta y entran* DOÑA ANTONIA, JULIO *y* ROSA.*)*

DOÑA ANTONIA.—Creí que no llegábamos, que deshacían antes la casa. Pero es que como a éste se le han roto las gafas... tenemos que bajar los escalones a tientas...

DOÑA MARCELA.—Pues para su trabajo... Estás de contable, ¿no?

JULIO.—Bueno, sí... En el bazar llevo los libros... Hago de todo...

El decorado representa el sótano de la casa de don Luis. La iluminación resalta el dramatismo de Manolita (Enriqueta Carballeira), que sostiene en sus brazos al niño

Foto Antonio de Benito

DOÑA ANTONIA.—Y cualquiera compra ahora unas gafas... Si no nos llega ni para las verdolagas.

> *(Suena una explosión más cercana que las otras.)*

VECINA.—Ése ha caído muy cerca.

DOÑA ANTONIA.—Esto de los bombardeos es un crimen, un crimen...

DOÑA MARÍA LUISA.—¿Qué dice usted, doña Antonia? Si no bombardean las ciudades, esto no acabará nunca. En las ciudades están los centros de aprovisionamiento, los almacenes, los mandos...

DOÑA ANTONIA.—¿Y usted cree que así... acabará esto pronto?

DOÑA MARÍA LUISA.—Días contados, doña Antonia. ¿No oye usted la radio de los nacionales?

DOÑA ANTONIA.—Sí, en casa de don Luis.

> *(DON LUIS se levanta de golpe del cajón en el que se había sentado.)*

DON LUIS.—¡Doña Antonia!

DOÑA ANTONIA.—Ay, perdone, don Luis... Pero yo creo que eso no es ningún secreto.

DOÑA MARCELA.—*(A DON LUIS.)* No se preocupe. Hasta mi marido la oye. Hay que estar informado.

> *(Nueva explosión cercana.)*

DOÑA DOLORES.—Ésa ha caído en esta calle.

DOÑA ANTONIA.—Pero ¿por qué tiran a esta calle, por qué?

DOÑA MARÍA LUISA.—Doña Antonia, en la esquina hay un garaje.

DOÑA ANTONIA.—¿Por qué no viviremos en la zona protegida?

DON LUIS.—Aquel barrio era muy caro, doña Antonia.

DOÑA MARÍA LUISA.—Y ahora allí no viven más que los mandamases. (*A* DOÑA MARCELA.) Los amigos de su marido, doña Marcela.

DOÑA MARCELA.—¿Sus amigos? De los que yo conocí ya no queda ni uno.

DOÑA ANTONIA.—¿Y cuánto falta para que llegue la paz, doña María Luisa? Usted que está enterada. Porque mi Pedrito está en el frente pero aún no ha entrado en combate.

DOÑA MARÍA LUISA.—No falta nada. Las potencias extranjeras siguen negando su ayuda a los revolucionarios. Y aquí, los militares, después de la toma de Burriana, están a punto de ocupar Valencia. Aunque los periódicos de Madrid no lo digan.

VECINO.—Yo sigo los movimientos de las tropas en un mapa, con banderitas.

DOÑA MARÍA LUISA.—Y nosotros. La última plaza ocupada ha sido Castuera.

VECINO.—Y les digo que el mes que viene está todo liquidado.

DON AMBROSIO.—Es muy posible que antes se llegue a un acuerdo.

DOÑA MARCELA.—Ojalá aciertes, hijo.

DOÑA DOLORES.—¡Ay, Dios le oiga!

(LUIS *y* MALULI —*la hija de la casera*— *han quedado juntos, sentados en un cajón.*)

LUIS.— (*Dando un papel doblado a* MALULI.) Toma.

MALULI.—¿Qué es esto?

LUIS.—Una poesía. La he escrito para ti.

MALULI.—¿Tú escribes poesías?

LUIS.—Bueno... Las escribo muy mal, pero me gusta escribirlas... ¿A ti te gustan?

MALULI.—Mucho. Casi todas las noches leo poesías.

LUIS.—¿Y qué poeta te gusta más?

MALULI.—A mí, Bécquer. Tengo un libro con todas sus poesías. Me lo regaló papá.

LUIS.—Las *Rimas*.

MALULI.—Sí.

LUIS.—Yo también lo tengo. Lo tenía mi padre, y yo me he quedado ahora con todos sus libros.

(MALULI *desdobla el papel.*)

LUIS.—No, no lo leas ahora.

MALULI.—¿Por qué?

LUIS.—No sé... Pero... Me parece que me da vergüenza.

MALULI.—Qué tontería. *(Va a leerlo.)*

LUIS.—No, de verdad, no lo leas. Además, te podría ver tu madre.

MALULI.—Sí, es verdad. *(Se guarda el papel en el pecho.)* Y ¿por qué has escrito una poesía para mí?

LUIS.—Bueno... no sé... Es una poesía a tus ojos cuando subes la escalera..., la escalera de aquí, de casa... Ya lo verás... Hablo de tus ojos y de mis ojos y de la escalera...

MALULI.—Sí; cuando nos cruzamos en la escalera, te quedas siempre mirándome.

LUIS.—¿Te habías dado cuenta?

MALULI.—Claro.

LUIS.—Cuando la leas, me dices lo que te ha parecido.

MALULI.—Pero si no nos vemos nunca, más que así, al pasar...

LUIS.—Pues aquí, la próxima vez.

MALULI.—¿Y si no hay más bombardeos?

LUIS.—En otro lado.

MALULI.—No puede ser. A mí no me dejan salir sola de casa.

LUIS.—Podemos vernos sin salir de casa. Quiero decir, del edificio.

(MALULI *le mira sin comprender.*)

LUIS.—Arriba en las guardillas.

MALULI.—Yo no he estado nunca.

LUIS.—Yo sí. Porque voy a buscar los libros que tiene mi padre. Podemos vernos allí.

(MALULI *tarda en contestar.*)

LUIS.—¿Quieres que un día subamos?

MALULI.—No, Luis; a eso no me atrevo.

(DOÑA MARÍA LUISA *se acerca a* DON LUIS, *que está ahora un poco apartado de los demás.*)

DOÑA MARÍA LUISA.—Don Luis, yo quería decirle una cosa. Entre vecinos.

DON LUIS.—Dígame, doña María Luisa.

DOÑA MARÍA LUISA.—Me han dicho... Bueno, ha llegado a mis oídos, que usted tiene víveres.

DON LUIS.— *(Escandalizado.)* ¿Yo? ¿Víveres?

DOÑA MARÍA LUISA.—Sí. Y creo que lo sé de buena tinta.

DON LUIS.—Qué barbaridad. Cómo es la gente. Pero si estamos muertos de hambre. Que lo que más me preocupa es lo de Luisito, por la edad en que le ha pillado esto.

DOÑA MARÍA LUISA.—Eso pienso yo de mi hija.

DON LUIS.—Pues mírelos ahora que están allí los dos juntos. No creo que uno esté más gordo que otro. ¿Cree usted que si yo tuviera víveres iba a dejar que mi hijo creciera hecho una angula? Lo que pasa es que, como usted sabe, estoy empleado en unas bodegas...

DOÑA MARÍA LUISA.—Sí, eso ya lo sabía. Desde antes. Pero ahora se han apoderado ustedes de las bodegas.

DON LUIS.—Bueno, no es exactamente eso. Ahora explotamos nosotros las bodegas, en vez de que los bodegueros nos exploten a nosotros.

DOÑA MARÍA LUISA.—No es de esas cuestiones de las que quería hablar con usted, don Luis.

DON LUIS.—Ya, ya. Lo que quería decirle es que en mi casa tenemos vino, así como en otras no lo tienen. Esto es injusto, lo reconozco. Es un pecado en el que yo he caído. Pero es que a mí me gusta mucho el vino.

DOÑA MARÍA LUISA.—Ya, ya lo sé.

DON LUIS.—Sí, estas cosas se comentan... Y, a veces, me sacrifico y cambio una botella de las que estoy deseando beberme, por un kilo de bacalao para que mi hijo y mi nieto no se mueran... Pero de eso a que yo tenga en casa un almacén de abastos...

DOÑA MARÍA LUISA.—No tiene usted por qué justificarse conmigo, don Luis. Soy madre, y como madre quiero hablarle. Esto está a punto de acabarse. Y todos sabemos cómo va a acabar.

DON LUIS.—Bueno...

DOÑA MARÍA LUISA.—Dejemos eso.

DON LUIS.—Dejado.

DOÑA MARÍA LUISA.—Si usted cambia algo del vino que esté dispuesto a no beberse, por garbanzos o bacalao o chocolate de ése que han mandado de Suiza, acuérdese de mi hija, de Maluli... esa niña delgadita que está hablando de sus cosas con su hijo, y yo le prometo que dentro de poco..., de muy poco..., sabré agradecérselo.

DON LUIS.—Ya, ya entiendo.

DOÑA MARÍA LUISA.—¿Y qué me contesta?

DON LUIS.—Nada. De momento, nada... Pero le digo una cosa: preferiría poder ayudarla ahora, y que usted no pudiera recompensarme después.

> (DOÑA MARÍA LUISA *se queda mirándole fijamente, en silencio.* JULIO *se ha acercado a* MANOLITA *que está sentada, con el niño en brazos.*)

JULIO.— *(Continuando un inconexo párrafo ya iniciado antes.)* ... y como ahora el empleo es fijo... en fin, todo lo fijo que puede ser en esta situación, yo, como sé que tú estás mal... aunque trabajes... Ah, y no me importa que tu trabajo sea ése... Ya te lo he dicho varias veces... Pues yo quiero decirte... Y no lo he hablado con mi madre, ¿sabes?... Además, está lo del niño, tienes que comprenderlo... Yo sé que otros hombres no harían esto...

MANOLITA.—Pero ¿qué dices, Julio?

JULIO.—Sí, ya sé. Me expreso mal. Nunca me expresaré bien. Pero, aunque las cosas hayan cambiado —y quizá vuelvan a cambiar— una madre sola con un hijo, es una madre sola con un hijo... Yo lo que te digo es que sin hablarlo con mi madre... Y aunque mi madre no quiera... Yo estoy dispuesto a casarme contigo... Si tú quieres... Y así tu hijo tendrá un padre... Lo he pensado mucho.

MANOLITA.—Ya. Creo que te entiendo.

JULIO.—Ahora, casarse es muy fácil.

MANOLITA.—Sí, ya lo sé.

JULIO.—Y lo mismo podemos vivir en casa de mi madre que en casa de tus padres... Como están tan juntas... Es como si fuera una misma casa... La verdad es que si nos casáramos sería una misma casa... Como cuando el rey de un país se casaba con la reina de otro.

MANOLITA.—Sí, poco más o menos.

JULIO.—Y... ¿qué dices?

(MANOLITA *pone una mano sobre el brazo de* JULIO.)

MANOLITA.—Lo pensaré, Julio.

(Una tremenda explosión cercanísima. Seguida de otra inmediata. Todos se sobresaltan. Se levantan de golpe los que estaban sentados. Dos

*explosiones más. Parece que la casa se tam-
balea.)*

DOÑA ANTONIA.—¡Es contra esta calle, contra esta
calle!

DON AMBROSIO.—¿Están ahí los picos y las palas?

DOÑA MARÍA LUISA.—Sí, están donde siempre.

VECINA.—Pero si nos cae la casa encima, de poco van
a servir.

VECINO.—Calla, mujer.

*(DOÑA MARÍA LUISA se ha arrodillado. Ha
sacado un rosario y comienza a rezarlo. Los
demás le contestan. La mayoría reza, pero algunos, no. Los que no rezan son: DON LUIS,
DON SIMÓN, DON AMBROSIO, MANOLITA y
LUIS. DOÑA DOLORES, que se ha arrodillado,
da un discreto codazo a DON LUIS, pero éste se
hace el desentendido. MALULI, una vez de rodillas, lanza una larga mirada, mientras reza, a
LUIS. LUIS tarda algo en arrodillarse junto a
ella y sumarse al rezo.)*

CUADRO XIII

Comedor de DOÑA DOLORES. Otoño

Están DOÑA DOLORES, MANOLITA, LUIS, DON LUIS, MARÍA *—la antigua criada—* y BASILIO, *hoy su marido. Estos dos últimos están gordos, lustrosos, rozagantes. Ella,* MARÍA, *hace cucamonas al hijo de* MANOLITA, *que está en una cuna.)*

MARÍA.— *(Con discreta sorpresa.)* Huy, pues está muy hermoso.

MANOLITA.—¿Tú crees?

DON LUIS.—Mira, María, no hay que andarse con pamplinas: el niño está hecho un fideo. Ahora veremos si con la Maizena que nos has traído...

MANOLITA.—Nunca sabré cómo agradecértelo.

MARÍA.—Todo lo que esté en mi mano... Poco puedo hacer... La verdad es que he tardado en enterarme, porque como no venimos por el barrio... Pero en cuanto lo supe, se lo dije a éste.

BASILIO.—Sí, es verdad. Y yo he hecho todo lo que he podido. *(A* DON LUIS.) Pero es que, ya lo comprenderás, camarada, los pocos víveres que quedan están controladísimos. Porque..., te lo digo con la mano en el corazón, aunque si me oyeran dirían que era derrotismo: hay lentejas; lentejas y escasas, para un año, pero nada más.

DON LUIS.—Ya. ¿Qué me vas a decir, compañero? Si no hay más que ver a la gente por la calle: es un desfile de esqueletos.

BASILIO.—Yo, antes, hacía favores. Pero es que ahora, como lo poco que queda es para el frente, y lo veo natural...

DON LUIS.—Yo también.

MANOLITA.—Pues siento que hayáis venido a esta hora, porque no podéis ver a mi marido. Como está en el bazar...

MARÍA.—Pero, mujer, si yo ya le conozco.

MANOLITA.—Pero tu marido, no.

BASILIO.—No, no me acuerdo de él.

MARÍA.—Se lo he dicho la mar de veces, que era de aquí, del barrio, vecino de ustedes, que se llamaba Julio, que llevaba gafas..., pues nada, no cae.

BASILIO.—Será porque no iba por la tienda, y como yo estaba siempre a mi trabajo...

MANOLITA.—Sí, por eso será.

DOÑA DOLORES.—Digo yo que si quedan tan pocos víveres, esto no podrá durar mucho.

BASILIO.—Quedan pocos para aquí, para Madrid. En Levante y en los pueblos hay más. Pero es difícil traerlos: falta combustible y faltan camiones.

DOÑA DOLORES.—Pues a fin de cuentas viene a ser lo mismo. Si nos morimos de hambre, tendrá que acabarse esto. No comprendo a qué tanto resistir, resistir, resistir...

DON LUIS.—Calla, Dolores...

MARÍA.—En el fondo, doña dolores tiene razón.

DOÑA DOLORES.—Cuanto antes llegue la paz, mejor para todos. ¿No es verdad, María?

MARÍA.—Además, lo que yo le digo a éste, si ya está todo perdido...

BASILIO.—Todo perdido no está. Si estallase la guerra...

DOÑA DOLORES.—Pero ¿qué guerra?

En el cuadro XIII la moral de los sitiados se hunde. El hambre y la muerte hacen presa de la familia. En la fotografía, Agustín González y Berta Riaza

Foto Antonio de Benito

Don Luis.—La de Alemania con Inglaterra y Francia. Parece que es inevitable.

Doña Dolores.—¿Otra guerra, Luis, ahora que ésta está acabando? ¡Dios no lo quiera, Dios no lo quiera!

María.—Estoy con usted, doña Dolores. Peor el remedio que la enfermedad. Mejor que venga la paz cuanto antes. Y nosotros, a acomodarnos a lo que llegue.

Doña Dolores.—Sí, hija, sí.

María.—Por sí o por no, éste y yo hemos procurado hacer todos los favores que hemos podido. Y sin mirar a quién, ¿eh?, sin mirar a quién. Dejando la política a un lado. (A Manolita.) Al fin y al cabo, usted, señorita, ha hecho también lo que debía, porque el vecino era un buen chico, eso no se puede negar, y usted ahora, pase lo que pase, es una señora...

Manolita.—Sí, eso sí.

Don Luis.—(A Basilio.) ¿Y tú no crees, compañero, que igual que estos botes de Maizena, podías, de vez en cuando, conseguirnos algo más?

Doña Dolores.—No para nosotros, sino para los chicos. Para Luisito...

Luis.—(Con ligera protesta.) Mamá...

Doña Dolores.—(Yendo hacia la cuna.) Y sobre todo para el niño.

María.—Se puede conseguir muy poco, doña Dolores.

Basilio.—Para la población civil no queda nada. ¿No conocen ustedes a alguien que esté en un batallón, en intendencia?

Doña Dolores.—No; nosotros, no.

Manolita.—Mi cuñado Pedro está en el frente, pero como es de la última quinta...

Basilio.—No, de ésos no.

Luis.—Tenemos un primo, Anselmo, que estuvo en la columna Durruti.

Manolita.—Sí, es verdad. Vino una vez por aquí.

Luis.—A lo mejor vuelve.

DOÑA DOLORES.—Sí, pero con eso no podemos contar.

DON LUIS.—Yo, antes, cambiaba alguna de las botellas que me correspondían en las Bodegas por otra cosa: bacalao, garbanzos... Pero como ahora las Bodegas están en la otra zona...

BASILIO.—*(Después de echar una mirada al reloj.)* Yo me tengo que ir, María.

MARÍA.—*(Levantándose.)* Sí, se ha hecho muy tarde.

> *(Se levantan todos, y van hacia la puerta de la calle* MARÍA, BASILIO, MANOLITA *y* DOÑA DOLORES. *Se quedan en el comedor el padre y el hijo.)*

BASILIO.—Salud, camarada.

DON LUIS.—Salud, compañero.

VOZ DE DOÑA DOLORES.—Hasta otra vez.

VOZ DE MARÍA.—Ya le digo, si éste encuentra algo... Pero no se lo garantizo.

VOZ DE BASILIO.—Bueno, cuando cambien de función nos pasaremos por el teatro.

VOZ DE MANOLITA.—Pues va para largo, porque está siempre lleno.

VOZ DE MARÍA.—Salud, señorita. El niño está hecho un sol.

> *(Sobre estas voces han hablado el padre y el hijo.)*

DON LUIS.—¿Qué te ha parecido este par de esqueletos?

LUIS.—¡Joder, cómo están!

DON LUIS.—Los dos cerditos. No, no te rías. Así les llaman en su barrio, «los dos cerditos», me he enterado.

LUIS.—¿Y éste es aquél tan flaco de la tienda?

DON LUIS.—Ella, aunque tú encontraras dónde agarrarte, tampoco era una Mae West.

(*Entran en el comedor* MANOLITA *y* DOÑA DO-
LORES.)

DOÑA DOLORES.—Menos mal que han traído algo de
alimento.

DON LUIS.—A propósito de alimento, ¿planteamos
eso que me has dicho?

DOÑA DOLORES.—Me da vergüenza, Luis.

DON LUIS.—Pues no te la ha dado decírmelo a mí.

DOÑA DOLORES.—(*A* MANOLITA *y a* LUIS.) Veréis,
hijos, ahora que no está Julio... Y perdóname, Manolita...
No sé si habréis notado que hoy casi no había lentejas [26].

LUIS.—A mí sí me ha parecido que había pocas, pero
no me ha chocado: cada vez hay menos.

DON LUIS.—Pero hace meses que la ración que dan
con la cartilla es casi la misma. Y tu madre pone en la cacerola la misma cantidad. Y, como tú acabas de decir, en
la sopera cada vez hay menos.

LUIS.—¡Ah!

MANOLITA.—¿Y qué quieres decir, mamá? ¿Qué
quieres decir con eso de que no está Julio?

DOÑA DOLORES.—Que como su madre entra y sale
constantemente en casa, yo no sé si la pobre mujer, que
está, como todos, muerta de hambre, de vez en cuando
mete la cuchara en la cacerola.

MANOLITA.—Mamá...

DOÑA DOLORES.—Hija, el hambre... Pero, en fin, yo
lo único que quería era preguntaros. Preguntaros a
todos, porque la verdad es que las lentejas desaparecen.

DON LUIS.—Decid de verdad lo que creáis sin miedo
alguno, porque a mí no me importa nada soltarle a la
pelma cuatro frescas.

----

[26] Las lentejas se convirtieron en el símbolo de la resistencia: «Píl-
doras de la resistencia del Dr. Negrín», fueron llamadas. Bien porque
en la zona republicana continuaba su cultivo, bien por importaciones
masivas, fueron la alimentación básica del Madrid cercado, junto con
las «chirlas» (almejas pequeñas), los «chicharros» (pescados de baja calidad) y algunas hortalizas.

MANOLITA.—Pero, papá, tendríamos que estar seguros.

DON LUIS.—Yo creo que seguros estamos. Porque la única que entra aquí es ella. Y ya está bien que la sentemos a la mesa todos los días...

MANOLITA.—Pero aporta lo de su cartilla.

DOÑA DOLORES.—No faltaba más.

DON LUIS.—Pero nosotros tenemos lo de las cartillas y lo de los suministros de Luisito y yo de la oficina. *(A* MANOLITA.*)* Tú al mediodía comes con los vales que te han dado en el teatro...

MANOLITA.—Sí.

DON LUIS.—Por eso digo que la pelma se beneficia, y si encima mete la cuchara en la cacerola...

LUIS.—Mamá..., yo, uno o dos días, al volver del trabajo, he ido a la cocina... Tenía tanta hambre que, en lo que tú ponías la mesa, me he comido una cucharada de lentejas... Pero una cucharada pequeña...

DON LUIS.—¡Ah! ¿Eras tú?

DOÑA DOLORES.—¿Por qué no lo habías dicho, Luis?

LUIS.—Pero sólo uno o dos días, y una cucharada pequeña. No creí que se echara de menos.

DOÑA DOLORES.—Tiene razón, Luis. Una sola cucharada no puede notarse. No puede ser eso.

DON LUIS.—*(A* DOÑA DOLORES.*)* Y tú, al probar las lentejas, cuando las estás haciendo, ¿no te tomas otra cucharada?

DOÑA DOLORES.—¿Eso qué tiene que ver? Tú mismo lo has dicho: tengo que probarlas... Y lo hago con una cucharadita de las de café.

DON LUIS.—Claro, como ésas ya no sirven para nada...

(MANOLITA *ha empezado a llorar.)*

DOÑA DOLORES.—¿Qué te pasa, Manolita?

MANOLITA.—*(Entre sollozos.)* Soy yo, soy yo. No le echéis la culpa a esa infeliz. Soy yo... Todos los días, antes de irme a comer... voy a la cocina y me como una o dos cucharadas... Sólo una o dos..., pero nunca creí que se notase... No lo hago por mí, os lo juro, no lo hago por mí, lo hago por este hijo. Tú lo sabes, mamá, estoy seca, estoy seca...

DOÑA DOLORES.— *(Ha ido junto a ella, la abraza.)* ¡Hija, Manolita!

MANOLITA.—Y el otro día, en el restorán donde comemos con los vales, le robé el pan al que comía a mi lado... Y era un compañero, un compañero... Menuda bronca se armó entre el camarero y él.

DOÑA DOLORES.—¡Hija mía, hija mía!

DON LUIS.— *(Dándose golpes de pecho.)* Mea culpa, mea culpa, mea culpa...

(Los demás le miran.)

DON LUIS.—Como soy el ser más inteligente de esta casa, prerrogativa de mi sexo y de mi edad, hace tiempo comprendí que una cucharada de lentejas menos entre seis platos no podía perjudicar a nadie. Y que, recayendo sobre mí la mayor parte de las responsabilidades de este hogar, tenía perfecto derecho a esta sobrealimentación. Así, desde hace aproximadamente un mes, ya sea lo que haya en la cacerola: lentejas, garbanzos mondos y lirondos, arroz con chirlas o agua con sospechas de bacalao, yo, con la disculpa de ir a hacer mis necesidades, me meto en la cocina, invisible y fugaz como Arsenio Lupin, y me tomo una cucharada.

DOÑA DOLORES.— *(Escandalizada.)* Pero... ¿no os dais cuenta de que tres cucharadas...?

DON LUIS.—Y la tuya, cuatro.

DOÑA DOLORES.—Que cuatro cucharadas...

DON LUIS.—Y dos de Julio y su madre.

DOÑA DOLORES.—¿Julio y su madre?

DON LUIS.—Claro; parecen tontos, pero el hambre

Primer plano de Agustín González

Foto Antonio de Benito

aguza el ingenio. Contabiliza seis cucharadas. Y a veces, siete, porque Manolita se toma también la del niño.

DOÑA DOLORES.—¡Siete cucharadas! Pero si es todo lo que pongo en la tacilla... *(Está a punto de llorar.)* Todo lo que pongo. Si no dan más.

(MANOLITA *sigue sollozando.)*

DON LUIS.—No lloréis, por favor, no lloréis...

LUIS.—Yo, papá, ya te digo, sólo...

MANOLITA.— *(Hablando al tiempo de* LUIS.*)* Por este hijo, ha sido por este hijo.

DON LUIS.— *(Sobreponiéndose a las voces de los otros.)* Pero ¿qué más da? Ya lo dice la radio: «no pasa nada». ¿Qué más da que lo comamos en la cocina o en la mesa? Nosotros somos los mismos, las cucharadas son las mismas...

MANOLITA.—¡Qué vergüenza, qué vergüenza!

DON LUIS.—No, Manolita: qué hambre.

DOÑA DOLORES.— *(Desesperada.)* ¡Que llegue la paz! ¡Que llegue la paz! Si no, vamos a comernos unos a otros.

DON LUIS.—Si hubieran ayudado las potencias democráticas, hace dos años que esto estaría liquidado.

DOÑA DOLORES.—Si los revolucionarios, al principio, no hubieran hecho tantas barbaridades...

DON LUIS.—Pero ¿quién tenía la razón?

DOÑA DOLORES.— *(Sonándose la nariz.)* No sé, no sé...

DON LUIS.—Pues yo sí.

DOÑA DOLORES.— *(Revolviéndose.)* Tú nunca has tenido ideas políticas, y ahora que todo está perdido...

DON LUIS.—Sí las tenía. Pero me di una tregua hasta que éstos crecieran... *(A* LUISITO.*)* Yo quería ser Máximo Gorki, ¿sabes?

LUIS.— *(Ante la melancolía de su padre, quizá trata de consolarle.)* Todavía no está todo decidido. Anselmo dijo que Francia iba a abrir la frontera. Y más gente lo dice. Y al abrir la frontera y entrar material de guerra...

DON LUIS.—Hace ya bastante más de un año que lo dijo.

DOÑA DOLORES.—Ya me parecía a mí que ese Anselmo...

> *(Suenan timbrazos cortos, insistentes, bruscos. Luego, golpes en la puerta.)*

DON LUIS.—Qué prisas.

DOÑA DOLORES.—Abre, Luisito.

> (LUISITO, *corriendo, va a abrir. Siguen sonando los golpes en la puerta.)*

DOÑA DOLORES.—¡Dios mío, eso es que ha pasado algo!

MANOLITA.—Calla, mamá.

VOZ DE ROSA.—¡Doña Dolores, doña Dolores!

> *(Entra* ROSA, *la mujer que vive con* PEDRITO. *Va hacia* DOÑA DOLORES *sin ver a los otros, que están en el otro lado del comedor. En la puerta se queda* LUIS.)

DOÑA DOLORES.—¿Qué pasa, Rosa?

ROSA.— *(Muy precipitada. Confusa.)* Han llamado por teléfono, abajo, al taller del escultor...

DOÑA DOLORES.—Sí, ya.

ROSA.—Era del bazar... Del bazar de Julio... bueno, del bazar, no. De la tienda de al lado. Ha caído un obús... y... [27].

---

[27] «Obús» es una pieza gruesa de artillería, palabra de origen francés. En la guerra civil se aplicó al proyectil de obús, y en esa aceptación está admitida por la Real Academia.

DOÑA DOLORES. —¿Qué?
ROSA. —Julio está muerto.
DOÑA DOLORES. —¡Dios santo!

(DOÑA DOLORES *ha llevado la mirada hacia*
MANOLITA. *Hacia allí mira ahora* ROSA.)

ROSA. —Perdóname, Manolita, no sabía que estabas
aquí... No te había visto. *(Se vuelve hacia* DOÑA DO-
LORES.) Venga conmigo a casa, doña Dolores, se lo
ruego... Yo no sé cómo decírselo a su madre...
DOÑA DOLORES. —Ve tú, Luis, por favor...

(*Un instante de silencio.* DOÑA DOLORES *va
junto a la cuna del niño.* MANOLITA, *sin llorar,
se deja caer en una silla.* DON LUIS *se marcha,
y tras él,* ROSA. LUIS *se acerca a su hermana.
Le pasa una mano por el pelo. Suena el ruido de
la puerta al cerrarse.*)

CUADRO XIV

El sótano de la casa. Las cajas de cartón, los cajones de
madera, los santos de escayola

*(Suena, en la oscuridad, la alarma aérea. Se en-
ciende la bombilla. Entran* DOÑA MARÍA
LUISA, JOSEFA *—la vieja criada— y* MALULI.)

MALULI.—No sé para qué nos haces bajar, mamá. Si
ya no hay que refugiarse.

JOSEFA.—Y estos tramos que hay hasta el sótano a mí
me destrozan. Al bajar, bueno; pero luego al subir...

DOÑA MARÍA LUISA.—¿Cómo que no hay que refugiarse?

MALULI.—Pero ¿no ves que últimamente ya no baja
nadie?

DOÑA MARÍA LUISA.—No bajan porque la gente se
cansa de todo. Pero sigue habiendo peligro. ¿No oís la
alarma? Es que vienen aviones.

MALULI.—También vinieron el otro día. Pero no bombardean; tiran octavillas.

(Llega al sótano, corriendo, LUIS. *Viene muy
alegre, precipitado.)*

LUIS.—¡Doña María Luisa, Maluli! ¡No bombardean, están tirando pan! [28].

DOÑA MARÍA LUISA.—¿Qué dices?

LUIS.—¡Sí! Iba a casa, y les he visto a ustedes meterse en el sótano. Por eso he bajado, para avisarles: no tiran bombas, ¡es pan!

MALULI.—Pero ¿tú lo has visto?

LUIS.—¡Sí, está cayendo aquí, en la calle! ¡Yo he llevado a casa dos barras así de grandes! Como cuando el maná.

DOÑA MARÍA LUISA.—No sabes lo que dices, Luisito. ¿Para qué van a tirar pan?

LUIS.—Pues porque saben que en Madrid hay mucha hambre y que la población civil está de parte de ellos... Tiran para que la gente lo coja.

MALULI.—¡Pan, mamá! *(Y va, rápida, hacia la puerta.)*

DOÑA MARÍA LUISA.—*(Autoritaria.)* ¡No te muevas, Maluli! Sabe Dios si cuando la gente esté en la calle, cogiéndolo, empezará el bombardeo.

LUIS.—*(Sinceramente asombrado.)* Pero, ¿les cree usted capaces de eso?

DOÑA MARÍA LUISA.—La guerra es la guerra.

LUIS.—Es imposible.

DOÑA MARÍA LUISA.—Asómate tú, Josefa, a ver si puedes coger algo.

JOSEFA.—Sí, señora. *(Sale.)*

LUIS.—No creo yo que Josefa... Están todas las mujeres del barrio como fieras.

DOÑA MARÍA LUISA.—Pero ella es mayor... Si no puede coger nada, algo le darán. *(Un silencio. DOÑA*

---

[28]   El bombardeo de pan existió en la realidad: pequeñas barras de las llamadas de Viena envueltas en papel con la bandera llamada entonces monárquica, hoy nacional. Fue fabricado especialmente para esta ocasión, para dar la sensación a la población cercada y hambrienta de la abundancia de los sitiadores, pero en realidad ya no existía en su filas. Fue el último pan blanco que vieron los madrileños hasta pasados muchos años. La victoria tampoco trajo el pan.

María Luisa *escucha.)* Y no hay combate. No se oyen ni ametralladoras ni antiaéreos.

Luis.—No; ya les dejan venir cuando quieren y que hagan lo que sea.

Doña María Luisa.— *(Feliz.)* ¡Esto se ha acabado, Luisito; ahora sí que se ha acabado de verdad!

Luis.— *(Sin contrariedad.)* Sí, eso creo yo. Perdida Barcelona, y toda Cataluña...

Doña María Luisa.— *(Rectificándole.)* Ganada, Luisito.

Luis.— *(Sin hacer caso a la observación.)* Y con el presidente de la República en el extranjero...

Doña María Luisa.—Todo el mundo ve que ha llegado el final.

Luis.—Sí, mi padre también lo cree. Y todos los de la oficina.

Doña María Luisa.—¿Y qué dicen?

Luis.—Están contentos. Resulta que algunos se habían apuntado ya en la Falange clandestina.

Doña María Luisa.—Medio Madrid, Luisito; eso no es ningún secreto. ¿Y tu madre?

Luis.—Fíjese, la pobre da saltos de alegría... En cuanto llegamos a casa nos abraza gritando: ¡La paz! ¡La paz! Está como loca...

Doña María Luisa.—Es natural, después de todo lo que hemos pasado... Tu padre es el único que no veía muy claro el final.

Luis.—Pero esto ya no había quien lo aguantara. Y él dice que hay que atenerse siempre a la realidad. Yo también estoy deseando que llegue la paz, porque desde que no funcionan las Bodegas nosotros en la oficina no hacemos nada. Vamos allí, pero no hacemos nada. Y eso es una lata. En cuanto llegue la paz tendremos que reorganizarlo todo.

Doña María Luisa.—Pero se acabará lo de la incautación.

Luis.—Sí, claro. Se devolverán las Bodegas a sus

dueños. A los herederos. Pero como mi padre es el que más sabe de la marcha del negocio, ya está preparando los papeles, las cuentas, todo eso... A mí me ha servido mucho trabajar este año, porque como voy a estudiar Comercio, ha sido un entrenamiento.

DOÑA MARÍA LUISA.—Pero te queda acabar el Bachillerato, ¿no?

LUIS.—Me queda una de quinto, que me examino ahora en seguida, y el año que viene acabo y puedo empezar la carrera. Y seguramente podré estudiar sin dejar el puesto en las Bodegas.

MALULI.—Pero a él lo que le gusta de verdad es ser escritor. Lo que pasa es que le da vergüenza decirlo.

LUIS.—No es que me dé vergüenza, es que sé que a la gente le parece raro... Pero escribir puedo hacerlo al mismo tiempo.

DOÑA MARÍA LUISA.—¿Tantas cosas al mismo tiempo?

LUIS.—Otros lo han hecho.

DOÑA MARÍA LUISA.—¿No eres tú la que debía tener vergüenza, Maluli? Todavía en tercero...

MALULI.—Porque ha habido guerra...

DOÑA MARÍA LUISA.—Sí, a ver si la guerra va a tener la culpa de todo. Veremos si ahora en Suiza adelantas.

LUIS.—¿En Suiza?

DOÑA MARÍA LUISA.—Para el curso que viene la vamos a mandar a una residencia a Suiza. Es donde mejor enseñan. Sobre todo a las señoritas.

LUIS.—¿Y a ti te gusta irte?

MALULI.—Estoy encantada. Tengo una amiga que estudiaba allí, y cuando volvía a España a pasar los veranos, me contaba maravillas.

DOÑA MARÍA LUISA.— (Feliz.) ¡Bueno, al fin vuelve a haber proyectos! El taller lo estamos poniendo en orden, ¿sabes? Para que cuando llegue mi marido lo encuentre todo dispuesto.

LUIS.—¿Han sabido algo de él?

DOÑA MARÍA LUISA.—Sí, por la Cruz Roja. Estuvo unos meses en una embajada, y luego se pasó a la zona nacional. He llamado a Agustín, el primer oficial, para que lo tenga todo listo, porque en cuanto llegue Álvaro tendrá que ponerse en seguida a trabajar. Con la de imágenes que han destrozado los rojos, figúrate, le van a llover los encargos.

JOSEFA.— *(Llega fatigada, con el peinado deshecho.)* Nada. No traigo nada. *(Se deja caer sobre un cajón.)*

DOÑA MARÍA LUISA.—¿Nada? *(Se vuelve a* LUIS.*)* Pero ¿no decías que era como el maná?

JOSEFA.—Traigo pisotones y cardenales. Conseguí coger dos barras, que me cayeron casi casi en los mismos brazos. Pero se abalanzaron sobre mí esa lobas y me las quitaron. «¡Es la de la casera, la de la casera —gritaban—, la de la casa de los santos!» Y me las quitaron. Yo ya... ya no estoy para estos trotes, señora... Si hubiera ido usted..., señora... O la señorita...

> *(Se miran un instante, dudando, la madre y la hija.)*

JOSEFA.—No, no se lo piense ahora. Ya no queda ni una barra. Ya se han ido los aviones.

CUADRO XV

Comedor de Doña Dolores

(Están sentadas, charlando, Doña Dolores, Doña Antonia *y* Doña Marcela.)

Doña Marcela.—Pues ya ven ustedes, no vale. ¿Saben lo que les digo? Que casi estoy por pasarme a las ideas de mi marido.

Doña Dolores.— *(Con cierto sarcasmo.)* Buen momento ha elegido usted.

Doña Marcela.—Pero no me negará, doña Dolores, que si hay incompatibilidad, ¿por qué seguir toda la vida en la incompatibilidad?

Doña Dolores.—Si en este año de divorcio, doña Marcela, han seguido ustedes viviendo en el mismo sitio...

Doña Marcela.—Sí, pero separados. Ya lo sabe usted. A Simón le habíamos arreglado para dormir el sofá del comedor.

Doña Dolores.—Pues pueden seguir igual.

Doña Marcela.—Eso era transitorio. Estábamos los dos esperando como agua de mayo que acabase esto para que él buscase una pensión.

Doña Antonia.—Pobre don Simón.

Doña Marcela.—¡Si él estaba en la gloria! Le tenía echado el ojo a una de la plaza de Santa Ana, que siempre le gustó mucho. Y ahora, ya ven, no vale... No vale ningún divorcio de estos de la zona roja. Ni los divorcios ni los matrimonios... *(Se arrepiente de lo que ha dicho.)* ¡Ay, perdonen!

DOÑA DOLORES.—Déjelo, déjelo...

DOÑA MARCELA.—¡Le digo a usted! Otra vez recién casada, a mi edad.

DOÑA ANTONIA.— *(No puede evitar una sonrisa.)* No sé cómo tengo ánimos para reírme.

DOÑA DOLORES.—La vida sigue, doña Antonia. Contra eso no hay quien pueda.

DOÑA ANTONIA.—Pero es que lo mío..., lo mío... Ese pobre hijo en un campo de concentración...

DOÑA DOLORES.—Es un trámite nada más, doña Antonia, ya lo sabe usted. Eso han dicho.

DOÑA ANTONIA.—Pero él no ha hecho nada. Llamaron su quinta, le movilizaron, ¿qué iba a hacer? Y, ahora, preso.

DOÑA DOLORES.—No está preso, mujer.

DOÑA ANTONIA.—Sí, es lo mismo, es lo mismo. Y en un campo... ¿Y qué les harán, Dios mío, qué les harán?

DOÑA DOLORES.—No pueden hacerles nada. ¿No ve usted que son muchísimos? Dos quintas enteras; o tres, no sé.

DOÑA MARCELA.—La del biberón y la del chupete, por lo menos.

DOÑA DOLORES.—Claro, miles de hombres.

DOÑA ANTONIA.—Y yo ahí, en casa, encerrada... Con esa mujer.

DOÑA DOLORES.—¿Qué piensa usted hacer? Ella tendrá familia.

DOÑA ANTONIA.—Sí, en un pueblo de Salamanca.

DOÑA DOLORES.—Pues entonces...

DOÑA ANTONIA.—Pero... es que yo... ¿Cómo me voy a quedar sola, sola del todo? Me matan a un hijo... Se me llevan al otro... Y ahora... ¿sola del todo? *(Entre hipos.)* ¿Quieren ustedes que me quede sola del todo?

La huella de la guerra se refleja en el gesto de doña Marcela

Foto Antonio de Benito

Doña Dolores.—No, doña Antonia. Yo no le aconsejaría a usted eso. Usted me dijo que se llevaba bien con Rosa...

Doña Antonia.—Yo le he dicho a la chica... Y no sé si se he hecho mal... No sé si a ustedes que, al fin y al cabo, son los únicos que tengo, mis amigas, mis vecinas, les parecerá mal... Yo le he dicho que se quede... No tenemos nada... Sólo mi viudedad... Pero yo sé bordar. Antes bordaba muy bien. Y ella es muy trabajadora y muy dispuesta... Si Dios nos ayuda, podremos tirar hasta que mi Pedrito salga del campo de concentración, y luego yo creo que lo mejor es que se casen, puesto que las cosas ya no son como antes, y que vivamos juntos, que no me dejen sola...

Doña Marcela.—Pues, ¿ve usted? Todo arreglado.

(Ha sonado el timbre de la puerta.)

Doña Dolores.— *(Levantándose y yendo hacia la puerta.)* Han llamado. ¿Quién será?

Doña Marcela.—Manolita o don Luis.

Doña Dolores.—No; todos tienen llave.

Doña Marcela.—Ambrosio, mi hijo, va a volver al banco, pero le tienen que depurar [29].

Doña Antonia.—¿Y qué es eso?

Doña Marcela.—No sé. Él me lo ha explicado por encima, pero no lo he entendido bien. No son cosas de mis tiempos.

Doña Dolores.— *(Entrando acompañada de* María, *que viene algo triste, pero igual de oronda y lustrosa que en su anterior aparición.)* Es María. ¿Se acuerdan ustedes?

---

[29]   Las «depuraciones» trataron de discriminar los comportamientos durante la guerra civil en las zona republicana. Generalmente consistía en las respuestas juradas a un cuestionario, al que había que añadir avales de personas de garantía. Eran una forma menor de la represión, aunque la palabra «depuración» pueda aplicarse, también, con un carácter general a todas las medidas de castigo.

DOÑA ANTONIA.—¿Cómo no? ¿Cómo estás, María?

DOÑA MARCELA.—¿De dónde sales? ¿Vienes de la otra zona?

MARÍA.—No; si no nos hemos movido de aquí, de Madrid.

DOÑA MARCELA.—Huy, nadie lo diría.

MARÍA.—Es que...

DOÑA DOLORES.—Siéntate, siéntate.

MARÍA.— *(Se sienta.)* Gracias, doña Dolores. Es que..., gracias a Dios y a la Virgen de la Fuencisla, no nos ha faltado de nada.

DOÑA MARCELA.—Pues ya tienes que haber rezado, hija.

MARÍA.—Bueno, hasta los últimos tiempos. Porque en los últimos tiempos, aquí doña Dolores lo sabe...

DOÑA DOLORES.—Sí, ya me contaste. *(A las otras.)* Es que su marido estaba en abastos, ¿no lo sabían?

DOÑA MARCELA.—No, yo no.

DOÑA ANTONIA.—Yo algo había oído.

DOÑA DOLORES.—Como era del gremio de la alimentación, se enchufó allí. *(Enmendándose.)* Bueno, se colocó.

MARÍA.—Y ustedes, ¿cómo han salido de esto? Me enteré de lo de Julio. La acompaño en el sentimiento, doña Antonia.

DOÑA ANTONIA.—Muchas gracias, hija.

MARÍA.—Y la pobre Manolita... ¡Hay que ver, no hace ni un año que yo le decía que tenía la vida arreglada! Y con un hombre tan bueno, tan formal...

DOÑA ANTONIA.—Calla, María, por favor.

MARÍA.—Usted perdone, doña Antonia.

(Suena el ruido de la puerta al abrirse.)

DOÑA DOLORES.—Ese sí es mi marido. *(Se levanta y sale.)*

MARÍA.—También me enteré de que Pedrito se había casado. ¡Tan joven!

DOÑA ANTONIA.—Bueno, no es eso exactamente. Se va a casar...

MARÍA.—¡Ah! Cuánto me alegro.

DON LUIS.— *(Entra con* DOÑA DOLORES.*)* Buenos días, María. ¿Qué te trae por aquí?

MARÍA.—A hacerles una visita.

DON LUIS.—Se agradece, se agradece. ¿Y tu marido? ¿Cómo está? ¿Sigue en Madrid?

MARÍA.— *(Con cierta indecisión.)* Eso quería contarles, que ya no...

DON LUIS.— *(Interrumpiéndola.)* ¿Se ha marchado? Es natural.

MARÍA.—No, no. Basilio no se ha escapado. No le ha hecho falta. Él se portó muy bien con mucha gente. Y además se quedó aquí y entregó los depósitos de abastos a los nacionales. No le han hecho nada y le han dado un empleo muy importante dentro de la misma... *(No recuerda la palabra)* de la misma...

DON LUIS.—¿De la misma rama?

MARÍA.—Sí, eso es.

DON LUIS.—Los hay que nacen de pie.

MARÍA.— *(Aún más indecisa.)* Pero ya no..., ya no es mi marido...

DOÑA DOLORES. —¿Cómo que no?

DOÑA MARCELA.—Lo que yo les contaba: ni valen los divorcios ni valen los matrimonios.

MARÍA.—No valen. A mí no me extraña, porque eran unas bodas muy fáciles, como las del cine.

DOÑA MARCELA.—Por eso ahora te dicen: allá películas.

DOÑA DOLORES.—Bueno, mujer; pero ahora os volvéis a casar como Dios manda, y ya está.

MARÍA.—Es que él dice que el puesto que le han dado, aunque provisional, es muy importante, y que siendo en su... en su... *(Una mirada a* DON LUIS.*)*

DON LUIS.—En su rama.

MARÍA.—Eso. Que tiene un gran porvenir, y que no nos conviene que lo estropee con una boda precipitada.

DOÑA DOLORES.—¡Ah!

MARÍA.—Que es mejor para los dos dejar que pase el tiempo y que empiecen a irle bien las cosas. Que ve muy claro que le van a ir bien. Pero que así, joven y soltero, se desenvolverá mejor, que tendrá más oportunidades... No sé...

DON LUIS.—Hombre... Estas cosas... Yo de lo único que estoy seguro es de que tiene un gran porvenir.

MARÍA.—A mí... No sé qué dirán ustedes... A mí me parece que me ha hecho una charranada. Y perdonen que diga estas palabras.

DON LUIS.—Di las que se te ocurran, no te importe.

MARÍA.—Voy a ir al pueblo a ver a mi familia. Pero antes quería verles a ustedes, que han sido como mis padres... Porque es que allí, en el pueblo, no sé qué decir. A lo mejor no digo nada..., porque mi pobre madre ya bastante tiene.

DOÑA DOLORES.—¿Por qué dices eso?

MARÍA.—A mi padre le fusilaron. Se enteró Basilio.

DOÑA DOLORES.—*(Después de un silencio.)* Y tú..., ¿piensas volver a trabajar?

MARÍA.—Sí, eso quería. Pero me imagino que ustedes no estarán en situación...

DOÑA DOLORES.—*(Dirige una mirada interrogante a* DON LUIS.) Nosotros, de momento...

DON LUIS.—De momento, no.

MARÍA.—No, si ya me parecía a mí. Yo lo que había pensado es que como he sabido que se ha muerto la Josefa, la criada de doña María Luisa la casera, que iba a ir a pretender allí. Aunque yo no soy como la Josefa, porque yo no entiendo tanto de cocina, y es una casa más importante. *(Rectifica, preocupada.)* Bueno, sin hacer de menos.

DOÑA DOLORES.—No te preocupes, María; habla con tranquilidad.

MARÍA.—Pues eso... que quería preguntarles que qué les parece a ustedes que vaya a pretender a casa de doña María Luisa la casera.

DOÑA DOLORES.—A mí me parece muy bien. No veo por qué no. Ella te conoce de la vecindad y sabe que eras buena chica. Con tus defectos, como todo el mundo.

MARÍA.—Bueno, ya, eso sí. Lo que quería decirles es que si ella les pregunta, que le digan lo que quieran, que le digan la verdad de lo que piensen de mí, pero que no le cuenten esto que les he dicho.

DOÑA DOLORES.—¿Lo de Basilio?

MARÍA.—No, eso ya lo sabrá. Lo de que los nacionales han fusilado a mi padre.

DOÑA DOLORES.—¡Ah!

MARÍA.— *(Levantándose.)* Como ella es como es...

DOÑA DOLORES.—Descuida, mujer. No le diremos nada.

MARÍA.— *(Yendo hacia la puerta.)* Pues me voy a pasar ahora mismo, y así aprovecho el viaje.

DOÑA ANTONIA.—Yo también me voy.

DOÑA MARCELA.—Hala, se levanta la sesión.

(Van todas hacia la puerta.)

VOZ DE DOÑA DOLORES.—Y vuelve a decirnos lo que te conteste doña María Luisa.

VOZ DE MARÍA.—Sí, volveré.

VOZ DE DOÑA MARCELA.—Antes de que te vayas, quiero decirte una cosa: eso es una charranada.

(DON LUIS, abatido, se ha dejado caer en una silla.)

DOÑA DOLORES.— *(Volviendo del recibidor.)* ¿Has estado en el Banco de España?

DON LUIS.—Sí.

DOÑA DOLORES.—¿Y qué?

DON LUIS.—Estampitas.

DOÑA DOLORES.—¿Qué dices?

DON LUIS.—Pues eso... Que las ocho mil pesetas... Los billetes de cincuenta y los de cien y los dos de quinientas... Los he llevado, he ido a una ventanilla, los he entregado, según ordenaban en la prensa, y son estampitas... *(Se rebusca en los bolsillos y saca un papelito.)* Esto me han dado [30].

DOÑA DOLORES.—¿Y eso qué es?

DON LUIS.—Un papelito.

DOÑA DOLORES.—¿Y para qué sirve?

DON LUIS.—Para limpiarte el culo.

DOÑA DOLORES.—¡Ay!, Luis.

DON LUIS.—Como cualquier otro papelito.

DOÑA DOLORES.—Pero, entonces, la numeración que daba Radio Burgos...

DON LUIS.—Esa estaba bien. ¿No te acuerdas? Los que tenían esa numeración nos los gastamos hace dos meses en comprar carne de estraperlo.

DOÑA DOLORES.—Bueno, pero decían...

DON LUIS.—Decían, decían... Bulos, mujer, bulos... Los que nosotros guardábamos aquí, para cuando esto acabase, para el primer mes, eran estampas, cromos Nestlé de esos del niño...

DOÑA DOLORES.—Y ahora... ¿qué hay que hacer?

DON LUIS.—Pues uno de los que había allí, en la cola de entregar, aficionado a la marquetería, esta tarde se iba a encerrar en su casa, a hacerle un marco al papelito. Otro no ha pasado por la ventanilla, en vista de cómo iban las cosas. Iba a empapelar el retrete con los billetes.

---

[30] Los billetes y monedas acuñados por la República fueron declarados sin ningún valor; fueron admitidas, con diversos porcentajes, series de billetes inmediatamente anteriores a la guerra civil. Las cuentas bancanria y de caja de ahorros sufrieron el mismo tratamiento, en relación con las fechas de los ingresos efectuados.

DOÑA DOLORES.—Tendría muchos.

DON LUIS.—A media altura, ha dicho. El más optimista decía que dentro de cincuenta años este papelito tendrá un gran interés histórico.

DOÑA DOLORES.—Pues a mí, dentro de cincuenta años...

DON LUIS.—Ya.

DOÑA DOLORES.—No te preocupes, Luis. Saldremos adelante...

DON LUIS.—Hombre, yo creo que sí.

DOÑA DOLORES.—Porque todo tendrá que normalizarse.

DON LUIS.—Claro.

DOÑA DOLORES.—Y cuando esto se normalice... No digo yo que vaya a ser un mundo como el que pintaba Anselmo.

DON LUIS.—No, me parece que eso no.

DOÑA DOLORES.—¿Sabes algo de él?

DON LUIS.—No. Me he acercado a la calle del Olivar...

DOÑA DOLORES.—Sí.

DON LUIS.—De él no se volvió a saber nada...

DOÑA DOLORES.—¡Jesús!

DON LUIS.—Ten calma.

DOÑA DOLORES.—¿Qué?

DON LUIS.—No queda nadie. Al tío Ramón y a Manolo los fusilaron los nacionales nada más empezar esto. Juan murió en la batalla del Ebro. Dice Encarna que a lo mejor Damián se ha escapado a última hora por la frontera.

DOÑA DOLORES.—¡Dios mío!

DON LUIS.—¿Te acuerdas, Dolores? Tú decías que los revolucionarios habían hecho muchas barbaridades.

DOÑA DOLORES.—Sí.

DON LUIS.—Pues, por lo visto, todos eran revolucionarios.

DOÑA DOLORES.—¿Y...? *(Se interrumpe.)*

DON LUIS.—¿Qué?

DOÑA DOLORES.—No me atrevo a preguntar.

DON LUIS.—Es natural. Pero, anda, ármate de valor.

DOÑA DOLORES.—¿Has estado en la oficina?

DON LUIS.—Sí... Bueno, más bien he estado en el bar de enfrente. Luisito y yo ya no somos de las Bodegas.

DOÑA DOLORES.—¿Qué dices? Lo de Luisito puedo entenderlo, pero tú llevas doce años.

DON LUIS.—Ya. Pero he fundado ese sindicato.

DOÑA DOLORES.—Pero Luisito no ha fundado ningún sindicato.

DON LUIS.—Pero yo le he fundado a él. No te preocupes, mujer, te lo cuento porque tengo que contártelo, pero todo se arreglará. No van a dejar que media España se muera de hambre.

DOÑA DOLORES.—¡Señor, y yo que estaba deseando que esto se acabase!

DON LUIS.—Por lo menos, ahora no hay bombas.

> *(Ruido de la puerta al abrirse. Pasa corriendo, hacia el fondo de la casa,* LUIS, *sin detenerse en el comedor. Con él viene* MANOLITA, *agitada, con el peinado deshecho.)*

DOÑA DOLORES.—¿Qué pasa, Manolita? ¡Luis! ¿a dónde vas?

MANOLITA.—No le preguntéis. Dejadle, dejadle un poco, que se tranquilice.

DOÑA DOLORES.— *(Interrogante.)* Pero...

MANOLITA.—Le han pegado.

DON LUIS.—¿Qué dices?

DOÑA DOLORES.—¿A Luis?

MANOLITA.—Sí, unos soldados... Un grupo... Yo he tenido la culpa... Ha sido por defenderme a mí... Me han dicho no sé qué, una burrada... Yo me he revuelto... No debí haberlo hecho, lo comprendo. Uno de ellos, que debía de estar borracho, me ha metido mano. Entonces, Luisito se ha ido hacia él. Le han pegado entre todos, le han tirado contra la pared. Uno de ellos le daba golpes con la pistola, así, en los costados...

DON LUIS.— *(Yendo hacia la puerta.)* ¿Y le han hecho mucho?

MANOLITA.—No, papá, no vayas... Déjale. No le han hecho casi nada. Se han marchado en seguida. Lo peor ha sido el susto. El miedo y la vergüenza.

DON LUIS.—¿Y dónde ha sido?

MANOLITA.—En la calle de Alcalá.

DON LUIS.—Habría gente.

MANOLITA.—Sí.

DON LUIS.—¿Y qué han hecho?

MANOLITA.—Nada. ¿Qué van a hacer? Todos tienen miedo.

LUIS.— *(Entra en este momento. Da la impresión de haberse peinado y aseado un poco.)* Hola, papá. Hola, mamá. *(Da un beso a cada uno.)*

DOÑA DOLORES.— *(Abrazándole.)* Hijo mío.

DON LUIS.—Ya nos ha contado Manolita... Has hecho lo que te correspondía, Luis. Y seguramente también los soldados han hecho lo que les correspondía. Y la gente. Pero tú ten cuidado, no está la calle para bromas si no llevas un carné.

LUIS.—Ya.

DON LUIS.—¿Y la matrícula? ¿Qué te han dicho en el Instituto?

LUIS.—No puedo matricularme.

DOÑA DOLORES.—¿No? ¿No te puedes examinar? [31].

LUIS.—Por ahora, no. Estos exámenes son sólo para ex combatientes. O para los que vengan de la otra zona. Nosotros tenemos que esperar.

          (Suena el timbre de la puerta. DOÑA DOLORES *va a abrir.)*

---

[31]   Todas las papeletas de examen y títulos académicos expedidos durante la guerra civil fueron anulados.

DON LUIS.— ¿Hasta cuándo?

LUIS.—Pues..., éstos van a ser para mayo... Supongo que hasta septiembre.

> *(El que acaba de llegar es* PABLO. *Viene vestido con un traje nuevo. Con él entra en el comedor* DOÑA DOLORES.)*

PABLO.—Buenos días, don Luis. Hola, Manolita. ¿Cómo estás, Luis?

LUIS.—Bien, ¿y tú?

PABLO.—Ya ves.

DON LUIS.—Pasa, pasa.

DOÑA DOLORES.—Siéntate, anda.

PABLO.—Venía a despedirme.

LUIS.— ¿Te marchas?

PABLO.—Sí, con mis padres. Ya te dije. Han venido anoche.

LUIS.— *(A los demás.)* A su padre le han destinado a Barcelona.

PABLO.—Sí; como le pilló en la otra zona, le hicieron director de Correos en La Coruña, y ahora le trasladan. Ha venido aquí para levantar la casa con mamá.

MANOLITA.—Escribirás de vez en cuando, ¿no? A Luis.

PABLO.—Sí, claro. Nos escribiremos.

DON LUIS.—Oye, ¿y tus hermanos, los mayores? Porque uno de ellos tenía unas ideas un tanto... avanzadas... Luis nos lo dijo.

PABLO.—Sí, el decía que era comunista. Pero yo creo que no estaba muy enterado. Ése era Jerónimo. El otro, no. El otro era más bien de Falange. ¡Menudas discusiones armaban! En cuanto empezó esto Salvador se apuntó en seguida. Bueno, y poco después, también Jerónimo. Y mi padre.

LUIS.— ¿Ah, sí?

PABLO.— ¡A ver!

DON LUIS.—¿Y cómo... cómo están?

PABLO.—Bien, muy bien. Jerónimo se ha hecho aviador. Salvador va a seguir con Medicina. Dice que en dos cursillos intensivos de tres meses la acaba. Claro, como les pilló allí...

LUIS.—Estará contento tu padre.

PABLO.—Sí, está muy contento. En Barcelona le han dado un piso estupendo, que cabemos todos. No como el de aquí. Y además, yo como ahora estamos más desahogados, si quiero, en vez de Magisterio, cuando acabe el Bachillerato puedo entrar en la Escuela de Ingenieros, que es lo que de verdad me gusta.

DOÑA DOLORES.—Oye, ¿y Florentina, vuestra criada?

PABLO.—La pobre está deshecha. Cuando se marcharon las brigadas, hace un año, se fue su marido. Pero ahora, como han ganado los nacionales, pues piensa que no le volverá a ver nunca. Y se ha pasado todo el mes llorando. Se viene con nosotros.

DOÑA DOLORES.—Siento no poderte ofrecer una copa, unas galletas... Pero, de verdad, no tenemos nada.

PABLO.—No, si ya... ya lo comprendo. No me atrevía a decíroslo, Luis, pero mi padre ha traído algunas botellas. Y me ha dicho... *(Habla directamente a* DON LUIS,*)* que le subiera a usted ésta. *(Le entrega una botella envuelta en papel.)* Es anís.

DON LUIS.— *(Coge la botella, la desenvuelve, va al aparador, la descorcha.)* Dale las gracias, Pablo, pero muy de corazón. Y dile que siento no tener nada para corresponder. *(Al ver la marca del anís.)* La competencia. No hay mal que por bien no venga. Antes no podía beber otro anís que no fuera el nuestro. Era la consigna. Pero como me han despedido...

PABLO.—¿Le han despedido a usted? *(Echa una mirada a* LUIS.*)*

DON LUIS.—Y a ti, Luisito, a ti también. Pero ahora no se trata de eso. *(Va sirviendo las copas que* DOÑA DOLORES *ha colocado sobre la mesa.)* Ahora se trata de que,

En el último cuadro don Luis brinda por la buena suerte de Pablo. De izquierda
a derecha: Luis, Pablo, don Luis, doña Dolores y Manolita

Foto Antonio de Benito

por esa feliz circunstancia, vamos a tomarnos todos una copita de «Las Cadenas» que, aquí entre nosotros, es mucho mejor. ¿Ves tú, Dolores? Decías que no teníamos nada para ofrecer a nuestro amigo y, de pronto, ¡milagro!, una copita de anís de la mejor calidad. *(Alza su copa.)* Por vuestra suerte, Pablo.

PABLO.—Gracias. Y porque ustedes también la tengan.

(Todos brindan y beben.)

EPÍLOGO

Campo muy cerca —casi dentro— de la ciudad. La luz de un sol pálido, tamizada por algunas nubes, envuelve las zonas arboladas y los edificios destruidos. Se oye el canto de los pájaros y los motores y las bocinas de los escasos coches que van hacia las afueras

(Por entre las trincheras y los nidos de ametralladoras pasean LUIS *y su padre.)*

DON LUIS.—Aquello era el Hospital Clínico. Fíjate cómo ha quedado.

LUIS.—Eso es una trinchera, ¿no?

DON LUIS.—Claro. Te advierto que quizá sea peligroso pasear por aquí. Toda esta zona estaba minada.

LUIS.—Pero ya lo han limpiado todo. Lo he leído en el periódico. ¿Sabes, papá? Parece imposible... Antes de la guerra, un día, paseamos por aquí Pablo y yo... Hablábamos de no sé qué novelas y películas... De guerra, ¿sabes? Y nos pusimos a imaginar aquí una batalla... Jugando, ¿comprendes?

DON LUIS.—Sí, sí...

LUIS.—Y los dos estábamos de acuerdo en que aquí no podía haber una guerra. Porque esto, la Ciudad Universitaria, no podía ser un campo de batalla... Y a los pocos días, fíjate...

DON LUIS.—Sí, se ve que todo puede ocurrir... Oye, Luis, yo quería decirte una cosa... Es posible que me detengan...

LUIS.—¿Por qué, papá?

DON LUIS.—Pues... no sé... Pero están deteniendo a muchos... Y como yo fundé el sindicato... Y nos incautamos de las Bodegas...

LUIS.— Pero ¿eso qué tiene que ver? Era para asegurar el abastecimiento a la población civil... Era un asunto de trabajo, no de política. Y aunque lo fuera, el Caudillo ha dicho que los que no tengan las manos manchadas de sangre...

DON LUIS.—Ya, ya... Si a lo mejor no pasa nada... Pero están deteniendo a muchos, ya te digo, por cosas como ésa... Yo lo que quería decirte, precisamente, es que no te asustaras... Creo que hacen una depuración o algo así...

LUIS.—¿Y eso qué es?

DON LUIS.—Pues... todavía no se sabe bien... Llevan a la gente a campos de concentración...

LUIS.—¿Como a los de las últimas quintas?

DON LUIS.—Sí, algo así. Pero por estas cosas supongo que, al fin, acabarán soltándonos...

LUIS.—Papá, hablas como si ya te hubieran detenido.

DON LUIS.—Bueno, yo lo que quiero decirte es que, si pasa, no será nada importante. Pero que, en lo que dure, tú eres el hombre de la casa. Tu madre y tu hermana calcula cómo se pondrían las pobres... Tú tendrías que animarlas.

LUIS.—Sí, no sé cómo.

DON LUIS.—Pues les dices que, estando yo parado, al fin y al cabo, una boca menos.

LUIS.—Qué cosas dices.

> *(Un silencio. El padre ha sacado un pitillo, lo ha partido y le da la mitad a su hijo. Lo encienden.)*

Don Luis y su hijo pasean entre los escombros de los edificios de la Ciudad Universitaria, sorteando trincheras, barricadas y nidos de ametralladoras

Foto Antonio de Benito

Don Luis.— *(Dando una profunda bocanada.)* Qué malo es, ¿verdad?

Luis.—Sí, papá. Pero se fuma... Me parece que, te detengan o no, nos esperan malos tiempos, ¿verdad?

Don Luis.—A mí me parece lo mismo, pero hay que apechugar con lo que sea.

Luis.—Hay que ver... Con lo contenta que estaba mamá porque había llegado la paz...

Don Luis.—Pero no ha llegado la paz, Luisito: ha llegado la victoria. He hablado con doña María Luisa. ¿Te acuerdas que alguna vez le llevé un kilo de bacalao?

Luis.—Sí..

Don Luis.—Prometió pagarme el favor. Por mí no puede hacer nada, porque hay que esperar a que me depuren... Pero dice que un amigo suyo a ti podría colocarte.

Luis.—Bueno. Y al mismo tiempo estudio.

Don Luis.—Eso habíamos dicho. Al principio te será fácil porque la Física la sabrás de memoria.

Luis.—Sí, he estudiado bastante.

Don Luis.—Pero ¿has estudiado Física roja o Física nacional?

Luis.—Y... ¿de qué me puede emplear el amigo de doña María Luisa?

Don Luis.— *(Antes de contestar echa una mirada de reojo a su hijo. Duda un poco y contesta con una sonrisa.)* De... de chico de los recados.

Luis.—¡Ah!

Don Luis.—No he encontrado otra cosa, Luis. Pero él dice que es de mucho porvenir. Están montando una oficina de importación y exportación. Y, de momento, no son más que tres o cuatro, todos de la otra zona. Tú serías el quinto.

Luis.—Sí, el chico de los recados.

Don Luis.—Compréndelo. Hay que llevar dinero a casa —del que vale, no de las estampitas ésas—. Si Manolita se mete en alguna compañía, lo que la den se lo va

La conversación entre padre e hijo refleja la resignación y el intento de sobrevivir en la posguerra

Foto Antonio de Benito

a gastar en trapos y en pinturas. Y lo de «chico de los recados» lo digo un poco en cachondeo. Es que dicen que
al principio todos tendrán que arrimar el hombro, y
habrá que llevar paquetes y cosas de un lado a otro.

LUIS.—Ya, ya.

DON LUIS.—Para ese empleo te vendría bien la bicicleta que te iba a comprar cuando pasase esto, ¿te
acuerdas?

LUIS.—Ya lo creo. Yo la quería para el verano, para
salir con una chica.

DON LUIS.—¡Ah!, ¿era para eso?

LUIS.—No te lo dije, pero sí.

DON LUIS.—Sabe Dios cuándo habrá otro verano.

(Siguen paseando.)

TELÓN

APÉNDICE

por Luis Fernández Fernández

CRONOLOGÍA

Dada la gran producción cinematográfica de Fernando Fernán-Gómez, en torno a ciento ochenta películas, se ha creído oportuno mencionar sólo las que ha dirigido y aquéllas que, como intérprete, han sido más significativas, indicadas ambas con «C» (cine), para no confundir los títulos con otros géneros literarios y no hacer farragosa esta breve cronología. El lector interesado en su filmografía completa puede acudir al libro de Carlos Aguilar y Jaume Genover, citado en la Bibliografía. Fernán-Gómez tiene una amplísima triple faceta creadora: en cine, como intérprete, guionista, realizador y productor; en teatro, como actor y director, y, finalmente, como escritor de novelas, obras de teatro, ensayos, artículos y otros escritos.

1921: Fernando Fernán-Gómez (de nombre Fernando Fernández Gómez) nace el 28 de agosto en Lima (Perú), donde su madre, la actriz Carola Fernán-Gómez, se encontraba de gira, aunque es inscrito en el consulado de Buenos Aires (Argentina).

1936: Al estallar la guerra civil, su condición de argentino le libera del compromiso de las armas, aunque estaba afiliado al sindicato CNT. Sus estudios de Filosofía y Letras, así como sus inicios en compañías de teatro de aficionados, con breves papeles, se ven interrumpidos por la guerra.

1938:   Debuta como actor profesional en el Teatro Eslava, aunque en su primera intervención no consigue pronunciar ninguna de las dos frases de su papel.

1940:   Forma parte de varias compañías, hasta que Enrique Jardiel Poncela le confía un papel secundario en *Los ladrones somos gente honrada* (Teatro Santa Isabel), con la que obtuvo un gran éxito como actor cómico. En la siguiente, *Los habitantes de la casa deshabitada*, sólo obtuvo un papel en el que debía vestirse de esqueleto.

1943:   Comienza su carrera cinematográfica, al contratarle CIFESA para un pequeño papel en su producción *Cristina Guzmán, profesora de idiomas*, de Gonzalo Delgrás. Durante las décadas de los cuarenta y cincuenta, alterna cine y teatro y se convierte en la estrella más cotizada.

1944:   Obtiene su primer papel protagonista, junto a Sara Montiel, en *Empezó en boda* (C), de Raffaello Matarazzo. Escribe artículos y comedias cortas que se publican en revistas raras, como *Vestuario*, de moda, o bien se emiten por Radio Nacional.

1945:   Se casa con la actriz y cantante María Dolores Pradera, con quien había compartido reparto en algunas películas, como *Es peligroso asomarse al exterior*, de Alejandro Ulloa.

1946:   Asiste a diversas tertulias, como las del Café Gaviria y Café Gijón.

1947:   Logra un gran éxito con *Botón de ancla* (C), de Ramón Torrado. Junto a los contertulios del Café Gijón crea un premio de novela corta con el título de «Café Gijón» que sufraga él, personalmente, con 1.500 pesetas, más los gastos de la edición.

1948:   Se estrena *La mies es mucha* (C), de José Luis Sáenz de Heredia, que se convierte en un éxito de público. Aparece en la revista *Acanto* su primera obra de teatro, en un acto, *Pareja para la eternidad*, que se emite por Radio Nacional.

1950:   Con *Balarrasa* (C), de José Antonio Nieves
            Conde, logra el estrellato. Premio del CEC por
            El último caballo (C).

1951:   Recibe la Placa de San Juan Bosco por *Balarrasa*
            (C).

1952:   Durante el rodaje, en Roma, de *La voce del silenzio
            (La conciencia acusa)*, de Georg Wilhelm Pabst,
            escribe los únicos versos que ha publicado: *A Roma
            por algo*. Su experiencia como director de teatro,
            que nunca había abandonado, especialmente en
            el Teatro de Ensayo del Instituto de Cultura Ita-
            liana, donde había realizado diversos montajes de
            Casona, Pirandello, Valle-Inclán, Fabri y otros, le
            impulsa a dar sus primeros pasos como realizador
            cinematográfico y, juntamente con Luis María
            Delgado, dirige su primera película, *Manicomio*,
            que fracasa comercialmente.

1953:   Dirige, ya en solitario, a la vez que interpreta, *El
            mensaje* (C), pero obtiene un nuevo fracaso.

1955:   A pesar de ello, Eduardo Manzanos le contrata
            para dirigir su guión sobre *El malvado Carabel*
            (C), novela de Fernández Flórez, que ya había
            sido adaptada a la pantalla por Edgard Neville,
            en 1935.

1957:   Trabaja en *El inquilino* (C), de José Antonio Nie-
            ves Conde. Esta película, que trata sobre la difi-
            cultad de acceder a una vivienda, fue tan manipu-
            lada por los censores que ellos mismos escribieron
            el final. Se estrenó en 1964 y nunca se ha podido
            ver su primitivo final.

1958:   Dirige y actúa en *La vida por delante* (C). Tam-
            bién dirige la obra teatral *Con derecho a fan-
            tasma*, de De Filippo.

1959:   Dirige y actúa en *La vida alrededor* (C). Se divor-
            cia de María Dolores Pradera.

1960:   Dirige: *Sólo para hombres* (C), adaptación de la
            comedia de Miguel Mihura *Sublime decisión*.

1961: Publica su primera novela, *El vendedor de naranjas,* sin mucho éxito, por la que es galardonado con el premio Fastenrath, de la Real Academia. Dirige y actúa en *La venganza de Don Mendo* (C).

1963: Obtiene dos resonantes éxitos personales en el teatro con *La sonata a Kreutzer,* de Tolstoi, y *Pensamiento,* de Andreiev. Firma una carta en contra de la tortura a los mineros de Asturias, por lo que fue considerado «rojo», lo cual derivó en problemas para la renovación del permiso de residencia, pues seguía siendo argentino, y problemas para trabajar. Fue vetado en Radio Nacional y Televisión Española, por ejemplo. Produce *El mundo sigue* (C), que provocó su ruina, hasta el punto de que los compañeros por él contratados reunían el dinero para sobrevivir y un amigo le pagaba el apartamento. El guión había sido prohibido años atrás; sin embargo, una vez autorizado, fue prohibida la película por la censura al terminar su rodaje, con lo que no llegó a estrenarse hasta que fue exhibida por TVE en 1982.

1964: Contratado para dirigir *El extraño viaje* (C), sufre una gran decepción al no estrenarse hasta seis años después. También dirige *Los palomos* (C).

1965: Tuvo serios problemas burocráticos para volver a España tras rodar unas secuencias, en París, de *Ninette y un señor de Murcia* (C), de la que fue director y protagonista.

1966: Dirige y actúa en *Mayores con reparos* (C).

1968: Dirige la obra teatral *A los hombres futuros, yo Bertold Brech,* sobre poemas de Bertold Brech.

1969: Dirige *Cómo casarse en siete días* (C).

1970: Dirige y actúa en *Crimen imperfecto* (C).

1971: En el teatro, obtiene un nuevo éxito con su interpretación en *Un enemigo del pueblo,* de Henrik Ibsen.

1972: A pesar de ser un actor de primera categoría, se le empieza a valorar justamente fuera del terreno de la comedia con películas de corte más intelectual, como *Ana y los lobos,* de Carlos Saura. Se une sentimentalmente a Emma Cohen, con quien tiene una hija, la actriz Helena Fernán-Gómez.

1973: Recibe el premio del CEC por su interpretación en *El espíritu de la colmena* (C) y *Ana y los lobos* (C).

1974: Escribe para televisión la serie *El pícaro,* que dirige e interpreta, donde da una visión personal de la picaresca española a partir de textos clásicos. Dirige y actúa en *Yo la vi primero* (C) con la que obtiene un premio en el Festival de Nueva Delhi.

1975: Escribe *La coartada,* obra teatral en quince cuadros, con la que ganó un accésit del Lope de Vega, pero que nunca se representó. Se publica en la revista *Tiempo de Historia.* Dirige y actúa en *La querida* (C).

1976: Dirige y actúa en *Bruja, más que bruja* (C).

1977: Es galardonado como mejor actor en el Festival de Berlín con el Oso de Plata por su interpretación en *El anacoreta* (C). Dirige *Mi hija Hildegart* (C).

1978: Recibe el premio Lope de Vega por LAS BICICLETAS SON PARA EL VERANO. Dirige la obra teatral *Abre el ojo,* de Rojas Zorrilla.

1979: Dirige: *Cinco tenedores* (C). Vuelve al teatro para dirigir e interpretar a Pedro Crespo en *El alcalde de Zalamea,* de Calderón de la Barca, que le supuso otro gran éxito personal, prolongado en una larga gira por toda España.

1980: Se estrena su primera obra de teatro, *Los domingos, bacanal,* sin éxito de público.

1981: Recibe la Medalla de Oro de las Bellas Artes. Publica *El olvido y la memoria,* de carácter autobiográfico, en la revista *Triunfo.*

1982: Se estrena LAS BICICLETAS SON PARA EL VERANO en el Teatro Español de Madrid, el 24 de abril. El éxito que obtiene obliga a la empresa a prolongar las representaciones más allá del tiempo acordado, treinta días. También dirige y actúa en *Bésame, tonta* (C).

1983: Por su interpretación en *Soldados de plomo* (C), de José Sacristán, recibe el premio al mejor actor en el Festival del Mediterráneo. Se estrena la obra teatral *Del rey Ordás y su infamia*, en el Teatro Palacio del Congreso, el 19 de agosto, sin éxito. Se estrena *Las bicicletas son para el verano*, de Jaime Chavarri, versión cinematográfica de la obra teatral del mismo título.

1984: Es premiado como mejor actor en el Festival de Venecia por *Los zancos* (C), de Carlos Saura. Le es concedida la nacionalidad española,

1985: Dirige y actúa en *Mambrú se fue a la guerra* (C). Es galardonado como mejor actor en el Festival de Giffoni por *De hombre a hombre* (C). Oso de Plata en el Festival de Berlín y mejor actor en la Bienal de Bogotá por *Stico* (C). Aparece su segunda novela, *El viaje a ninguna parte*, que había escrito previamente como folletín para la radio y que es llevada a la pantalla por él mismo al año siguiente. Recibe el premio Nacional de Teatro. En Burdeos, se celebra un Coloquio Internacional sobre Fernando Fernán-Gómez.

1986: Dirige y protagoniza *El viaje a ninguna parte* (C) que logra el Fotogramas de Plata, además de por *Mambrú se fue a la guerra* (C) y *La mitad del cielo* (C). Es premiado por ADIRCE como mejor actor y director por *El viaje a ninguna parte* (C). Estrena su obra teatral *Ojos de bosque*.

1987: Es finalista del Premio Planeta con la novela *El mal amor*. Publica el ensayo *El actor y los demás*. Obtiene los premios Goya a la mejor película, mejor director y mejor guión por *El viaje a ninguna parte* (C).

1989: Se le concede el Premio Nacional de Cinematografía. Dirige y actúa en *El mar y el tiempo* (C).

1990: Se estrena *Lazarillo de Tormes,* versión dramática de la novela picaresca.

1991: Dirige y actúa en *Fuera de juego* (C).

1992: Obtiene el Goya por su interpretación en *Belle époque* (C). Es galardonado como mejor actor en el Festival de Cine de Gramado por la misma película.

1993: Publica la novela *El ascensor de los borrachos,* que recibe el Premio Espasa Calpe de Humor.

1994: Dirige *Siete mil días juntos* (C). *Belle époque* recibe el Oscar a la mejor película de habla no inglesa.

1995: Recibe el Premio Príncipe de Asturias de las Artes. Publica la novela *La Puerta del Sol.* Para celebrar los 100 años de cine, publica *Desde la última fila,* recopilación de sus artículos sobre el cine español, aparecidos en los últimos años en distintos periódicos: *ABC, El País, La Vanguardia, Clarín* (de Buenos Aires), etc.

1996: Dirige *Pesadilla para un rico* (C).

1998: El 17 de diciembre es elegido miembro de la Real Academia de la Lengua para ocupar el sillón «B».

1999: Recibe el premio Goya al actor protagonista por *El abuelo* (C) de José Luis Garci.

DOCUMENTACIÓN COMPLEMENTARIA

1. Semblanza

Tenía catorce años cuando estalló la guerra civil y diecisiete al acabar, y no salí de Madrid, y por lo tanto no vi nada fundamental. Me he enterado de la guerra civil, leyendo luego a esos autores extranjeros en la editorial *Ruedo Ibérico*... El único libro que recuerdo de aquella época de un español que me pudiera ilustrar fue el de Antonio Barea, *La forja de un rebelde*. El segundo tomo, que transcurría en Madrid durante la guerra, me explicó lo que había pasado realmente, a pesar de que yo mismo hubiera estado viviendo en Madrid. De lo único que me enteraba entonces era de lo que nos decía mi madre cuando llegaba a casa del teatro y nos contaba que un señor le había contado lo que a su vez le había contado otro, que si estaba ocurriendo tal o cual cosa. A mi casa también llegaba el periódico *El socialista* y mi madre discutía con mi abuela que todo lo que decía ese periódico era mentira y mi abuela, por el contrario que era verdad precisamente porque lo decía ese periódico. Y cuando por la noche oíamos en secreto Radio Burgos, y allí explicaban las cotas que habían alcanzado los llamados nacionales, yo pensaba que quizás no habían tomado cota alguna.

(Diego Galán, *La buena memoria de Fernando Fernán-Gómez y Eduardo Haro Tecglen,* Alfaguara, Madrid, 1997, págs. 36-37.)

Los primeros años de mi vida transcurrieron en pensiones de cómicos y en casas de amigos. Recuerdo la de Paco, el sastre, en el Pasaje de la Alhambra, quizá la misma casa en la que andando el tiempo viviría Lola, espejo oscuro; también la de Aurora, la separada del guardia civil, y la pensión Adame, en la calle Carretas. En nuestro cuartito de esta pensión, pregunté una tarde:

—Abuela, ¿dónde está mi papá?

—En España —me contestó ella.

La respuesta no me pareció satisfactoria, pero yo, a mis cuatro años, ya sabía que los niños no debían preguntar demasiado. Y me quedé pensando en España, que para mí entonces era una gran superficie amarilla. Como aún no conocía la meseta castellana, es probable que aquella imagen la sacara de la contemplación de la bandera, a la que, en mi imaginación, había suprimido las dos franjas sangrientas.

Mi abuela me enseñaba a leer, me recortaba largas tiras de muñequitos de papel, me hacía cucuruchos que nos poníamos en los dedos, me duchaba con una regadera, me enseñaba a rezar, me llevaba a paseo desde la calle Carretas hasta la plaza de Santa Ana, pasando por la calle de Cádiz en la que compraba —o le regalaban— puntas de colorines, y por el callejón del Gato, en el que nos mirábamos en los espejos deformantes. Otras veces, tirábamos para el otro lado, por la calle del Arenal y nos íbamos por la mañana a Palacio, a ver la parada, que era como se llamaba popularmente al relevo de la guardia.

(Fernando Fernán-Gómez, «El olvido y la memoria», *Triunfo,* 3 [enero de 1981], pág. 76.)

2. Sobre su producción literaria

La madurez de Fernán-Gómez (Lima, 1921), paralela a la progresiva reducción de sus actividades como actor y director de teatro y cine, ha ido acompañada desde hace años por un incremento notable de su dedicación literaria. Comedias, artículos periodísticos, escritos autobiográficos y narraciones de distinta naturaleza acreditan la amplia capacidad de Fernán-Gómez como escritor. Dos años después de la publicación de su último relato aparece *La Puerta del Sol,* obra de estirpe galdosiana, que trata de seguir la vida de unos personajes desde su juventud hasta su muerte. Puede leerse como una historia costumbrista o vincularla a esa categoría tan imprecisa que denominamos «realismo» y que, al menos, nos sirve para entendernos medianamente. Pero resulta empobrecedor, porque *La Puerta del Sol* se me antoja bastante más que la crónica anovelada de medio siglo de vida española.

(Ricardo Senabre, «La Puerta del Sol», *ABC Cultural,* 212 [24 de noviembre de 1995], pág. 7.)

No abunda en nuestro panorama teatral, y supongo que es rara en los ajenos, esta capacidad múltiple —«versatilidad» se dice ahora a la inglesa— de Fernando Fernán-Gómez para sobresalir en actividades artísticas no tan íntimas como a simple vista parecen. Su actividad principal, o al menos aquella por la que se le admira internacionalmente, la de actor, es capaz por sí sola de absorber, no tanto el tiempo como la disponibilidad mental para ocuparse de las otras cosas del mundo: la dificultan el estudio, los ensayos y estrenos, los altibajos del éxito, los contratos que si sí que si no, los viajes, los nervios siempre electrizados, las críticas, las miradas, acechando.

Sujeto a todo eso por actor, y siéndolo de modo tan eminente y solicitado, Fernán-Gómez ha dirigido teatro —no está lejos— y cine —lo está más—, escribe comedias (memorable *Las bicicletas son para el verano),* y guiones de cine y televisión, y admirables artículos de periódico, géneros todos ellos muy diversos, entre los cuales no siempre es fácil el tránsito. Él lo logra con admirable soltura, y no queda en eso sólo, porque publica, además, de vez en cuando novelas de éxito.

Es lo que acaba de hacer, como consecuencia de haber ganado con *El ascensor de los borrachos* el Premio Espasa Calpe de Humor que ha convocado por primera vez este año la prestigiosa editorial. A la que cabe agradecer la idea: nuestra narrativa ha llevado ya mucho luto trascendente; va conviniendo aliviárselo alguna vez. Entre otras cosas, porque, se sabe hace siglos, no siempre es preciso ponerse adusto para ser serio, y porque la gravedad puede administrarse con una carcajada como excipiente. Por lo menos, con una sonrisa: los lectores de Fernán-Gómez conocen su endiablada habilidad para elaborar la pócima. Volverán a encontrarla, y en qué grado, en este relato de humor y no poca tristeza.

(Fernando Lázaro Carreter, «El ascensor de los borrachos», *ABC Cultural,* 105 [5 de noviembre de 1993], pág. 7.)

3. Sobre «Las bicicletas son para el verano»

Fernando Fernán-Gómez ha escrito una obra maestra: *Las bicicletas son para el verano*. Probablemente su virtud, con respecto a otros autores —nuevos o antiguos, grandes o pequeños— de este tiempo revuelto es no haberse dejado acongojar por tantas cosas como pesan hoy sobre los escritores de textos teatrales; no haber retrocedido ante una narración, ante un tema de guerra civil, y un reparto largo, y una necesidad de decorados. Uno de los graves problemas por el que pasan hoy los autores es el de las coacciones, las disminuciones de su trabajo y de su responsabilidad.

El sistema que emplea Fernán-Gómez para su desarrollo es, por buscar precedentes, el de *Historia de una escalera,* de Buero, que fue ya el de *La calle*, de Elmer Rice. Es un corte de escenario en una casa de vecindad, con alguna —breve— salida al exterior. Podría decirse que se encuentran en ese corte de *Diablo cojuelo* vidas sencillas, vidas cotidianas, de no haber entre ellas un personaje extraordinario, una auténtica creación humana como es el que interpreta Agustín González —con una solvencia y una calidad de gran actor—. Es una obra de cuadros; por tanto de escenas separadas por el paso del tiempo. Ese tiempo es el de la guerra civil, y eso es lo que da a la comedia de costumbres una dimensión profunda.

(Eduardo Haro Tecglen, «Una obra maestra», *EL PAÍS* [25 de abril de 1982], pág. 37.)

Durante varios minutos, el público que abarrotaba el teatro Español, puesto en pie, brindó una de las ovaciones más calurosas que en las recientes temporadas se han dedicado al estreno de un autor español. Fernando Fernán-Gómez, sensiblemente emocionado, quiso corresponder con un saludo, pero apenas pudo articular palabra: «Quisiera pedir que se suprimiese esta costumbre de tener que hablar el autor, porque en estos momentos apenas acierto a deciros gracias». Y remarcó su agradecimiento señalando a toda la compañía.

(Fernando Bejarano, «Brillante estreno de *Las bicicletas son para el verano*», en *Diario 16* [25 de abril de 1982], pág. 33.)

[...] creo que ha conseguido una obra bien escrita, con los más diversos cuadros en torno a la vida familiar, con sus temores y deseos según los diferentes modos de pensar, con las angustias del hambre, incluso vista desde el punto de vista del humor, como el cuadro de las lentejas, que cada uno tomó una cucharada creyendo que una no se iba a notar y fueron muchos a lo mismo, y una serie de situaciones más que nos conducen a la presentación de tipos como don Luis, el niño Luis y el siempre utópico anarquista, una serie de cuadros y tipos que con escaso maniqueísmo y ausencia afortunada de latiguillos, nos conducen a un final en el que un personaje viene a decirnos que ha llegado la victoria pero no la paz.

(M. Díez-Crespo, «*Las bicicletas son para el verano* en el Español», *El Alcázar* [27 de abril de 1982], pág. 33.)

Esta evocación por parte del autor de la memoria de la guerra en las vivencias del adolescente que fue testigo de los horrores, de las miserias y las grandezas cotidianas, se ha convertido en canto coral, escasamente maniqueo, entrañable, emotivo. Una visión que hasta ahora sólo había dado el cine o la novela, pero no el teatro.

(Interino, «Memoria adolescente de la guerra», en *ABC* [25 de abril de 1982], pág. 75.)

El mundo presentado en *Las bicicletas son para el verano* se compone de dos realidades, la «interior» que se vive a diario y la «exterior» que encauza a la otra. Aquélla la forman las varias familias —especialmente la de don Luis— e individuos que viven en el mismo edificio de apartamentos, mientras que ésta se refiere a las condiciones creadas por la guerra y que poco a poco envuelven a todos. Fermín Cabal describe la obra como un «mosaico de preocupaciones individuales, vitales, que dependen de la realidad proyectada en el exterior, una realidad que ellos no pueden controlar». Por supuesto la guerra civil impone circunstancias nada normales: los bombardeos, la escasez de víveres, la muerte violenta, el miedo. Por otra parte, por debajo de tal desastre fluye una corriente vital bastante normal: la gente atrapada por estos hechos históricos todavía come, trabaja, se enamora, se preocupa por los suyos, siente pena y alegría, etc.; los jóvenes crecen y los padres envejecen; los amigos y parientes van y vienen; las ilusiones nacen y mueren. En fin, los fundamentales temas humanos siguen tan vigentes como siempre. Esto no quiere decir que el vivir diario de estos personajes no quede afectado por la guerra, sino que varios aspectos básicos de su modo de vivir y de sentir siguen manifestándose a pesar de las condiciones exteriores tan adversas. Hasta cierto punto, este es el proceso vital de todo ser humano, pues se desarrolla según cambian sus circunstancias y su propio yo.

Estas dos realidades se presentan, escénicamente, mediante lo visto y lo no visto. La vida intrahistórica es la que se vive en el comedor, la cocina, el sótano y los dormitorios de esta casa de vecindad. La histórica es aquella experimentada por el espectador a través de los efectos de sonido y luces de ambientación: explosiones de granadas y bombas, ruidos de aviones y sirenas, disparos, programas de radio, etc. Y también experimentada a través de lo que *dicen* diferentes personajes. El sobrino *relata* experiencias y ocurrencias; el marido de María *cuenta* noticias actuales; todos *chismorrean* de esto o aquello. Mientras el enfoque de las escenas tiene que ver con lo vivido, el marco que lo sitúa y le da sentido es lo que los personajes comentan. Así pues, el mundo de *Las bicicletas son para el verano* resulta ser una conjunción de lo mediato y lo inmediato, de lo histórico y lo intrahistórico.

(Robert L. Nicholas, *El sainete serio,* Universidad de Murcia, Murcia, 1992.)

Las bicicletas son para el verano es una obra netamente costumbrista, ambientada en los años de la guerra civil española, uno de los temas recurrentes del teatro español de posguerra. Fernán-Gómez la escribió muy poco tiempo después de la muerte de Franco y el inicio de un nuevo período para la historia de España. Su autor no se plantea reconstruir la historia, ni recuperar la verdad histórica. La guerra es el motivo secundario de la pieza, porque por encima de ella están las ilusiones, los sentimientos, las contrariedades de un familiar grupo de personas que sufren en sus carnes las consecuencias de la guerra civil. Lo que diferencia esta obra de otras ambientadas también en la contienda fratricida es su ausencia de enfrentamiento; no es una obra maniquea, ni de combate; no hay un deseo de abrir heridas (aunque esto no significa que no haya ideología en la obra, que la hay, y además el autor no oculta sus simpatías políticas). El autor ha querido hacer una crónica intrahistórica, pero comprometida ideológicamente. Más que convertir la guerra civil en la protagonista de la historia, lo que se teatraliza son los efectos. La guerra frustra las perspectivas profesionales y amorosas de los personajes, que se convierten en seres que pierden su identidad y personalidad, viviendo vapuleados por los acontecimientos políticos.

(Javier Gutiérrez Palacios, *Historia de la literatura española, siglo XX*, Ediciones Tiempo, Madrid, 1994, pág. 1025.)

TALLER DE LECTURA

1. ASPECTOS FORMALES

1.1. *Estructura*

Desde las innovaciones de Lope de Vega, se venía realizando, en el teatro, una estructura externa que se basaba en los tres actos, en los que se presentaba una exposición o planteamiento (primer acto), el nudo o enredo (en el segundo) y el desenlace (en el tercero). Fernando Fernán-Gómez ha preferido, en esta obra, una estructuración en cuadros (escenas separadas por el paso del tiempo), para ofrecernos diversas secuencias de los avatares de unos vecinos.

La obra presenta, también una introducción (prólogo), un desarrollo de la acción (a través de las dos partes) y una conclusión (epílogo), como se puede ver en el siguiente esquema:

PRÓLOGO	
PRIMERA PARTE: 7 cuadros	SEGUNDA PARTE: 8 cuadros
	EPÍLOGO

La obra presenta una estructura circular, en tanto en cuanto que los personajes comienzan y terminan en el mismo espacio escénico, un descampado en la Ciudad Universitaria, y hablan del mismo tema: la guerra. Ahora bien, si en el prólogo se nos presentaba la guerra como un absurdo en el juego bélico de dos jóvenes amigos, Pablo y Luis, en el epílogo, en cambio, se nos presentan las consecuencias de esa guerra que parecía imposible a los ojos de los dos adolescentes.

 — En la conversación que mantiene Luis con su padre se enlazan estas dos escenas aludidas. ¿Mediante qué recurso?

— La ingenuidad de Luis y Pablo en el prólogo, que creen imposible una guerra en una ciudad como Madrid, da paso, en el epílogo, a la desesperanza de don Luis. ¿Cómo expresa este personaje el futuro?

Alternan cuadros cortos con otros más largos. Si nos fijamos bien, observaremos que cada cuadro recibe un desarrollo apropiado, más largo o más corto, en función de su carga emotiva y de su función dramática.

Así, el cuadro II es muy corto en comparación con el cuadro XIII. El primero nos ofrece un momento de escapismo de la dura realidad, en el que aparece la ternura de un adolescente enamorado. El segundo, en cambio, presenta un fuerte dramatismo ya que en él presenciamos el derrumbe moral de la familia por el hambre y por las informaciones sobre muertes de conocidos y familiares.

 — De igual manera, ¿qué diferencias se observan, en cuanto al móvil dramático y su carga emocional, entre el cuadro VII, final de la primera parte, y el VIII, principio de la segunda parte?

El enfoque de los cuadros más importantes suele girar en torno a los hechos cotidianos de los personajes y que generan pequeñas o grandes crisis en el seno de las distintas familias. Por ejemplo, en el cuadro III, el descubrimiento que hace Julio de las fotos de Manolita produce una situación conflictiva en el seno de su familia.

 — Comenta la actitud del propio Julio ante este hecho. Así mismo, la reacción de su hermano, Pedro, y la de la madre, doña Antonia.

— ¿Cuál es el móvil dramático sobre el que gira el cuadro XI?

— Muchas escenas son minidramas pues nos presentan el problema y su resolución. Por ejemplo, en el cuadro VII, donde asistimos a la discusión entre doña Dolores y don Luis sobre el problema de las incursiones nocturnas de Luis en el cuarto de la criada. La crisis familiar se soluciona con la despedida de María. Cita algunos otros ejemplos y comenta cuál es el problema y cómo se logra su resolución.

En casi todos los cuadros, el autor nos presenta un desarrollo similar, aunque con variantes: un personaje, miembro o amigo de la familia, revela un hecho a otro, y éste a otro más, con lo que se nos van dando distintos puntos de vista sobre la cuestión planteada. Por ejemplo, al final de la primera parte, Manolita revela a su madre que Luis entra algunas noches en el cuarto de María. Doña Dolores se lo comenta a su marido y éste se lo plantea a María y luego a Luis. Asistimos, pues, a un problema doméstico, cuya forma de abordarse hace que el lector se identifique con los personajes, con sus problemas, al escuchar los distintos enfoques de unos y otros. En el ejemplo propuesto, la hermana como espía protectora, la madre desde una perspectiva dramática, y el padre con un contrapunto distendido, dramático.

1.2. *Espacio*

El espacio en una obra dramática tiene una gran importancia, pues el autor nos presenta una atmósfera diferente en la que se mueven los personajes, según sea un espacio exterior o interior.

 — Vamos a recomponer los cuadros con los espacios escénicos en los que tienen lugar: Ciudad Universitaria (A); casa de doña Dolores: comedor (B), cuarto de Luis (C) y cuarto de María (D); casa de doña Antonia: comedor (E); sótano (F); y parque (G). Coloca las letras anteriores de cada espacio escénico en los cuadros correspondientes:

Cuadros	Espacios escénicos	Cuadros	Espacios escénicos
Prólogo		VIII	
I		IX	
II		X	
III		XI	
IV		XII	
V		XIII	
VI		XIV	
VII		XV	
		Epílogo	

Del cuadro anterior se deduce lo siguiente: que sólo hay dos espacios exteriores: Ciudad Universitaria (prólogo y epílogo) y un parque (cuadro II). El resto de las escenas ocurren en un espacio cerrado, un inmueble, aunque en tres zonas diferentes: la casa de doña Dolores, la de doña Antonia y el sótano.

 — ¿Qué valor simbólico puede tener el hecho de que casi toda la obra transcurra en espacios cerrados?

— En la vivienda de doña Dolores hay unos espacios que tienen un valor funcional, es decir, son imprescindibles para el desarrollo de la acción. ¿Cuáles son?

— Por otro lado, hay espacios que se mencionan, pero en ellos no ocurre ninguna acción a la vista del espectador, como la cocina, el pasillo y la buhardilla. No obstante, tienen también una función en el desarrollo de la acción. Por ejemplo, en el cuadro V, cuando grita María para desembarazarse de Luis, aparece doña Dolores y Luis se dirige a su cuarto pero se detiene en el pasillo. ¿Con qué finalidad?

— ¿En qué espacio cerrado se sitúa el mayor número de escenas? ¿Qué función crees que desempeña el comedor de la casa de doña Dolores? ¿Por qué?

El sótano sólo aparece en la segunda parte cuando las circunstancias de la guerra son más terribles. Por otro lado, vemos a personajes que no habían aparecido antes, aunque sí se había hecho referencia a ellos.

 — ¿Qué valor simbólico puede tener la inclusión del sótano? ¿Qué personajes aparecen por primera vez en el sótano?

1.3. *Tiempo*

La acción de la obra transcurre entre unos días antes de la guerra civil y unos días después de su finalización, es decir, que dura tres años, aproximadamente: de 1936 a 1939.

Aunque el autor no quiere hacer una crónica histórica de la guerra civil, sí nos da suficientes datos para situar la obra y muchos de los cuadros en su momento histórico. El procedimiento que utiliza es variado:

a) Por alusiones a personajes históricos: en el cuadro III, Pedro alude al asesinato de José Calvo Sotelo en la noche anterior. Si este suceso ocurre el 13 de julio de 1936, la escena podemos situarla al día siguiente, o sea, el 14 de julio.

b) Por referencias a hechos históricos: en el cuadro IV, Luis comenta en su casa que ha oído en el café que el ejército se ha levantado en África, acción que ocurre el 17 de julio, por lo que el cuadro se sitúa al día siguiente de dicha sublevación: el 18 de julio de 1936.

c) Por películas que citan los personajes: *Rebelión a bordo,* citada por Luis en el prólogo.

d) Por acontecimientos normales o personales: el nacimiento del bebé de Manolita.

e) Por indicación de estaciones: en la acotación inicial del cuadro VII, se indica: «Es el mes de noviembre».

 — Elabora un esquema en el que conste el tiempo de la acción de cada cuadro (mes y año y, si es posible, el día), fijándote tanto en las acotaciones como en el diálogo. Para ayudarte en esta labor te conviene consultar algún libro de Historia sobre la guerra civil para precisar hechos históricos que se mencionan en la obra. Por ejemplo:

Cuadro V: firma del tratado de No Intervención y primer bombardeo aéreo de Madrid.

Cuadro VII: traslado del Gobierno de la República a Valencia y entrada de las Brigadas Internacionales en Madrid.

Cuadro X: ocupación de Santander por las tropas nacionales.

Cuadro XIV: entrada de los nacionales en Madrid. Supresión del racionamiento de pan en Madrid. Lanzamiento de pan desde los aviones.

Epílogo: celebración del Día de la Victoria.

La percepción del paso del tiempo es diferente para el lector o espectador y para los personajes. Así en el cuadro XIII, don Luis dice: «Hace ya bastante más de un año que lo dijo», refiriéndose a Anselmo que había hecho su aparición en el cuadro IX. Sin embargo para el lector, los cuadros se han sucedido sin solución de continuidad.

 — ¿Qué otro ejemplo se puede aducir en una intervención de María en el cuadro XV?

1.4. *Efectos especiales*

A lo largo de la obra nos encontramos con dos realidades que se interrelacionan: por un lado, la realidad interior de los personajes, es decir, la vida doméstica de las familias, con sus quehaceres y preocupaciones; por otro, la realidad exterior, las circunstancias creadas por la guerra y que, paulatinamente, van envolviendo a todos los vecinos de la casa.

El papel que desempeñan los efectos especiales es muy importante, porque es el modo de presentarse el mundo exterior, el de la guerra. De este modo, la realidad exterior, que los vecinos no pueden controlar, asoma constantemente en sus vidas cotidianas, creando en ocasiones una atmósfera asfixiante. La radio, la explosión de las bombas, el tableteo de las ametralladoras, las sirenas, los timbrazos y los aporreos de las puertas son elementos sonoros con los que el autor enfatiza determinadas escenas y las envuelve en un tirante dramatismo.

La radio es el medio informativo de las distintas familias, aunque en ellas se manifiestan las tendencias ideológicas que les mueve a escuchar una u otra emisora.

 — ¿De qué emisoras se trata? ¿Qué emisoras escuchan las distintas familias? A veces la radio actúa de contrapunto a lo que se dice en la escena, por ejemplo al final de la primera parte. ¿Podrías señalar otros momentos en los que ocurra lo mismo?

La explosión de las bombas y el ruido de los disparos hace que todos los vecinos vivan inmersos en una realidad ajena que les envuelve completamente, pero que no pueden controlar. La reacción de los personajes, sin embargo, es diferente en función de las circunstancias personales de cada uno.

— Por ejemplo, compara la actitud de la familia de doña Dolores en el acto V y, especialmente, la última intervención de don Luis, con el significado de las dos últimas frases que dicen María y Luis al final del acto VI.

El timbre y la puerta. El timbre suena martilleante en algunas escenas, acompañado de fuertes golpes en la puerta de la casa de doña Dolores.

— ¿Qué significan los timbrazos en el acto XIII? ¿En qué otros momentos ocurre una situación semejante y por qué?

La luz. Desempeña también un papel muy importante, por los contrastes de luz y oscuridad. La mayor parte de la obra transcurre en interiores iluminados y sólo en dos ocasiones nos encontramos con el escenario a oscuras.

— Uno de los momentos tiene lugar en las dos secuencias que transcurren en el sótano. ¿Qué significa esta situación a oscuras cuando en el exterior son más mortíferos los efectos de la guerra?

— El otro momento ocurre en el cuadro V. Hasta entonces la guerra sólo la sentían de una forma indirecta por los ruidos de las explosiones, de las ametralladoras y de los bombardeos. ¿Qué sucede en esa escena? El mundo exterior ha invadido el mundo interior de los personajes por primera vez. La precaria paz y seguridad de la realidad interna se ha roto.

¿Qué ocurre con la luz cuando entra la bala por la ventana? ¿No hay cierto paralelismo entre esta escena y las del sótano? ¿Y entre éstas y la guerra?

1.5. *Acotaciones*

Si bien el diálogo es el constituyente inmediato de una obra teatral (lo estudiaremos más adelante), no podemos olvidarnos de las acotaciones, que son elementos descriptivos, en las que el autor nos muestra su punto de vista sobre el montaje de la obra, dándonos su personal visión sobre el tiempo y el espacio donde discurre la acción; la descripción física y psíquica de los personajes, su posición en escena, movimiento y lenguaje gestual; y hasta su vestimenta.

A todo lo anterior hay que sumar las indicaciones de entrada y salida de personajes, los elementos que configuran el espacio escénico, así como los decorados, además de los efectos sonoros y lumínicos. Todo ello abocado a la puesta en escena o a la percepción de los lectores. Piénsese en la dificultad de una obra sin acotaciones como *La Celestina*.

 — Relee el cuadro III y anota los elementos descriptivos que ofrecen las distintas acotaciones.

Dentro de las acotaciones, debemos observar dos tipos: por una lado, las funcionales, que son determinantes para la puesta en escena, y las que podríamos llamar subjetivas, en las que se aprecia cierta complicidad del autor sobre el personaje o el objeto de que se trate. En el cuadro I, por ejemplo, encontramos acotaciones funcionales como «Doña Dolores va al aparador», y subjetivas como «Doña Dolores asiente, conocedora del mundo».

 — De acuerdo con esta doble división busca acotaciones de los dos tipos en el mismo cuadro.

1.6. *Lenguaje*

La forma elocutiva del género dramático es el diálogo, que constituye el elemento potenciador de la acción teatral. En él, todos los demás elementos quedan sugeridos o subrayados. En *Las bicicletas son para el verano,* los diálogos, muchas veces triviales, desarrollan temas humanos de siempre, como el futuro de los hijos, el nacimiento de un bebé, la comida, los estudios, el trabajo, etc. El lenguaje empleado por los distintos personajes es familiar o coloquial y, a veces, vulgar, de acuerdo a la condición social de los personajes, de clase media, algunos; de clase baja, los más. No obstante lo anterior, es un lenguaje vivaz, con continuas réplicas, sin que abunden los parlamentos largos. Esto hace que se imprima rapidez y agilidad a la acción. El autor no ha incluido ningún monólogo, lo que está en consonancia con el carácter de crónica familiar que se ha comentado en otro momento, pues todos los problemas familiares y las consecuencias de la guerra se nos ofrecen a través del diálogo entre los miembros de una familia o entre varias familias del mismo edificio.

Vamos a fijarnos en algunas de las características del nivel coloquial en diversas escenas:

 — Se observa cierta espontaneidad en el habla. Juzga la verosimilitud y frescura del diálogo de Pablo y Luis en el prólogo. Las oraciones no están completas, pues el sentido se sobreentiende por la situación extra lingüística o por el contexto de la conversación. En la primera intervención de Pablo, falta un elemento oracional, ¿sabes cómo se llama ese recurso?

— Predominan la funciones apelativa y expresiva, como corresponde a un lenguaje en el que los contenidos afectivos se superponen a los lógicos. Señala ejemplos de estas dos funciones en el cuadro I.

— Uso abundante de interjecciones o frases interjectivas. Observa su empleo en el cuadro VII.

— Frecuente apelación al consenso del interlocutor. Fíjate en el cuadro III, a partir de la escena en la que entra don Ambrosio acompañado de su mujer y sus padres.

— Utilización de apócopes, sobre todo en el lenguaje juvenil. Fíjate, en el prólogo, cómo denomina Luis a un cine.

— Empleo de oraciones cortas, gramaticalmente simples y con frecuencia incompletas. Obsérvalo en el diálogo entre Julio y Manolita en el cuadro IV.

— Otra característica es el empleo de frases hechas, que denota la nula individualización de la expresión. Observa su empleo en el cuadro I.

Dada la extracción social de los personajes no es de extrañar que abunde el nivel vulgar, concretamente en el uso de expresiones malsonantes, que aparecen con frecuencia. Su empleo es más frecuente, especialmente, en dos personajes, don Luis y, sobre todo, Anselmo, en los que forma parte de su idiosincrasia.

 — En el cuadro V, las intervenciones de don Luis están en esta línea. Señala las expresiones malsonantes. ¿Se puede decir que algunas de estas expresiones son intencionadas? ¿No crees que debido a la situación de tensión dramática que viven los personajes, estas expresiones se emplean como función catártica, es decir, que desempeñan un papel de desahogo? Obsérvalo especialmente en la última réplica de don Luis. ¿No es un síntoma de la impotencia que siente el personaje ante todo lo que ocurre?

— El caso de Anselmo es especial, pues utiliza un código muy restringido, como se observa en el cuadro IX. Fíjate en sus réplicas y comenta todas las características que hemos visto antes sobre el nivel coloquial. El código tan restringido, a diferencia de don Luis, no lo emplea con una función de desahogo. Señala las expresiones vulgares. ¿Emplea alguna frase sin ellas? Desde un punto de vista lingüístico, ¿cuál puede ser la causa?

2. PERSONAJES

El autor nos presenta a veintitrés personajes, la mayoría vecinos y parientes, que viven en un mismo edificio de viviendas alquiladas. El enfoque escénico tiene que ver con una familia, unas veces; con varias, otras.

 — Somos testigos de las preocupaciones de personajes de distintas edades, a través de los cuales, el autor nos da una visión más realista y plural de las consecuencias de la guerra, al ofrecernos puntos de vista diferentes. ¿Cuántas generaciones aparecen en la obra?
— Los personajes mantienen relaciones de parentesco y vínculos muy estrechos, más profundos que los de la mera vecindad. Comenta, en el siguiente mapa conceptual, el tipo de relaciones que mantiene Luis con esos personajes:

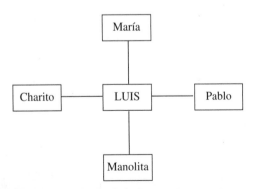

— Realiza mapas conceptuales de las relaciones que mantienen los distintos personajes, como en el ejemplo anterior.

La adscripción ideológica de las distintas familias aparece claramente en la obra, que ofrece una representación de los dos bandos que se enfrentan fratricidamente. Sin embargo, el autor no se posiciona políticamente, más bien mira con ternura a todos los personajes.

— En dos columnas escribe el nombre de los personajes y familias que ideológicamente son afines a la República y cuáles al bando sublevado.
— Si tenemos en cuenta que los héroes son personajes aliados a la fortuna, que salen indemnes de todos los peligros que les acechan y que cumplen felizmente sus objetivos, ¿piensas que los protagonistas de esta historia son héroes o antihéroes? ¿Por qué?
— En la Cronología puedes conocer el posicionamiento ideológico del autor. ¿Con qué personaje se identifica más?

Todos los protagonistas están marcados por la guerra y sus consecuencias. Todos sufren y luchan contra el cúmulo de situaciones, cada vez más adversas, que el mundo exterior les va imponiendo. En todos se observa esa capacidad de sufrimiento de la que es capaz el ser humano para sobrevivir, aun en las circunstancias menos propicias, y sin embargo, no observamos ni rencor, ni ira, ni rebeldía. Incluso, siendo de ideologías enfrentadas, sus relaciones no las cambia la evolución de la guerra. No hay personajes malos. Los malos están fuera de escena. La maldad está en la guerra, en la sociedad que ha provocado esa guerra civil. Aquí vemos claramente la intencionalidad de Fernán-Gómez: no quiere hablar de política, de enfrentamientos, sólo de ofrecernos un fresco plural de las consecuencias de la guerra.

— La obra gira en torno a una familia protagonista. ¿De cuál se trata? No obstante lo anterior, ¿se podría decir que estamos ante un personaje colectivo? ¿Por qué?

Ninguno de los personajes centrales (familias de doña Dolores y de doña Antonia) se nos presenta rectilíneo sino que evoluciona con el paso del tiempo. Son personas de carne y hueso, que nos podríamos encontrar por la calle. Analicémoslos individualmente:

Don Luis es el personaje mejor caracterizado. Ya cuando aparece por primera vez en escena (cuadro I), la mayor parte de sus réplicas revelan algunos datos de su carácter: es sincero y dice lo que piensa. Así, aludiendo a doña Antonia y a su hijo, en el cuadro I, dice: «Pregunté en la oficina lo del chico memo de la pelma de la vecina». Tiene buen humor y se ríe prácticamente de todo. Su mujer, doña Dolores, nos lo describe perfectamente, en ese mismo cuadro, diciendo que habla «en plan de guasa».

 — En el cuadro VII asistimos a la discusión entre don Luis y su mujer a propósito de la aventura nocturna del hijo. Pon de relieve las frases en las que se ve el humor de don Luis.
— ¿Crees que el humor obedece sólo a un rasgo caracterológico del personaje? ¿No crees que el humor desempeña una función desdramatizadora dentro de la tensión que viven los personajes?
— Las palabras de don Luis solucionan o suavizan las crisis familiares. Comenta la tensión generada en distintos momentos, incluidos los ya apuntados de los cuadros I y VII, y el papel que representan las réplicas de don Luis.

Junto al humor, un recurso literario con el que el autor adorna el carácter jovial de don Luis es la ironía, que está muy presente en sus réplicas.

— Fíjate en la carga irónica que tiene esta frase que le dice a su hijo en el epílogo: «Pero, ¿has estudiado Física roja o Física nacional?». Teniendo en cuenta las circunstancias que rodean a nuestro personaje en ese momento, resulta un compendio de su actitud ante la vida. Comenta el valor que tiene dicha frase. ¿En qué otros momentos de gran tensión, la ironía es el contrapunto a la gravedad de la situación?

Ya dijimos anteriormente que la ideología de don Luis es afín a las ideas de izquierda. Ideas que lleva a su propia vida y a la de su familia, pero que sabe contener hasta que sus hijos se hagan mayores.

— ¿En qué momento del episodio de las lentejas (cuadro XIII) nos muestra su ideología?
— ¿Cómo le consideran, ideológicamente, sus vecinos? Fíjate, por ejemplo, en lo que dice doña Antonia de él en su novena intervención, en el cuadro III.

Sus ideas sobre una sociedad más justa y su ética personal entran en conflicto en el cuadro VII. Manolita informa a sus padres de la aventura nocturna de Luis. La madre casi convierte el suceso en tragedia, pero don Luis ¿cómo actúa?

— Primero, en su conversación con María, ¿te parece una solución justa la que le propone? ¿Es acorde con su manera de pensar? ¿En qué se aprecia? ¿Qué significa que en un momento dado le tape la boca a su mujer para que no siga hablando? Observa, especialmente, las imprecaciones que dice en su posterior diálogo con doña Dolores. Cuando ésta le dice «tienes lágrimas», responde don Luis: «¿Yo? ¡la madre que los parió!». ¿Qué delata esta respuesta?

— En segundo lugar, la conversación que mantiene con su hijo. Observa la habilidad de la que hace gala al no mencionar, en ningún momento, su relación con María. A partir de lo que dice Luis, lleva la conversación a un terreno propicio para sus intereses. ¿De qué hablan? Reflexiona sobre cómo logra convencerle y qué es lo que logra don Luis de su hijo.

A lo largo de la obra hemos podido observar a un padre de familia, preocupado por los suyos, dialogante con su mujer y con sus hijos, amable y hasta dadivoso con los vecinos, pero es en el epílogo donde se nos presenta a don Luis muy preocupado por el futuro de su familia.

 — ¿En qué frases se manifiesta esa preocupación? ¿Por qué habla así?

Una de las frustraciones de don Luis es la de no haber triunfado como escritor. Esa es la razón de que tenga tantos libros en la buhardilla. Su hijo Luis mantiene la misma afición lectora.

 — En cierta ocasión en que baja libros de la buhardilla (cuadro V) dialoga con su madre sobre la afición del padre y le revela la causa de que su marido dejase de escribir. ¿Cuál es?
— En el episodio de las lentejas, ya citado, el propio don Luis cuenta a su familia la admiración que siente por un escritor, de quien dice, incluso, que hubiera querido ser como él. ¿De quién se trata? ¿Qué sabes de ese escritor?

Manolita. Tiene un carácter independiente, quiere ser libre y buscar su propia vida.

 — Cuando cierran la academia en la que trabaja como profesora auxiliar, ¿se conforma o busca otro trabajo? Cuando lo cuenta en su casa se produce una crisis familiar. La madre no acepta este tipo de trabajo, pero el padre, ¿qué reacción tiene? ¿Por qué?

— ¿Está de acuerdo su filosofía de la vida con la relación que mantiene con el miliciano José Fernández? ¿Cuál es su actitud cuando se queda soltera y embarazada? ¿Crees que cuando informa a sus padres de las visitas nocturnas de Luis al cuarto de María pone en práctica sus ideas o, por el contrario, actúa simplemente de chivata?

Luis. Es un espejo de su padre. Personaje al que vemos dar el salto cualitativo más importante en el tiempo: evoluciona de una adolescencia recién estrenada a una madurez forzada por las circunstancias, ya que se ha formado en la guerra civil y en los libros.

 — Un claro ejemplo es su diferente comportamiento en distintos momentos de la obra: en el prólogo, junto a su amigo Pablo, ¿cómo se nos muestra? En cambio en el cuadro VIII, en otra conversación con Pablo, ya ha asimilado algunas ideas que están en el ambiente. ¿De cuáles se trata? Finalmente, en el epílogo, cuando padre e hijo pasean entre las ruinas, ¿acepta con resignación el empleo que le ofrece su padre de «chico de los recados» o, por el contrario, se subleva? Evidentemente, Luis ha madurado. ¿Cuál crees que es la razón de que obedezca a su padre?

— ¿Qué ilusiones se había forjado Luis para cuando acabase la guerra, que chocan con la escena del epílogo?

— La sexualidad desempeña un papel relevante en la vida de Luis, por su condición de adolescente. Ese despertar sexual se nos presenta de diversas formas. Unas veces somos testigos, como en las conversaciones con Pablo. Además de las novelas y películas, ¿en qué otros temas de conversación aparecen referencias sexuales? En cuanto a su relación con María, ¿qué actitud tiene Luis? Otras veces, distintos personajes son los que nos informan. ¿Cuál es el comportamiento de Luis según sus padres?

Doña Dolores. Aparece como una madre llena de ternura e ingenua, que se escandaliza de todos los problemas de sus hijos. Sin embargo, es dialogante y acaba aceptando las situaciones, aunque siempre empuja a su marido a que las resuelva.

— Véanse sus reacciones ante la relación de Luis con María y ante el embarazo de Manolita. Compáralas con las de don Luis.

— A pesar de que es un personaje del que se dan pocos elementos de información, se observa una progresión: ingenua en las primeras escenas, esperanzada en el fin de la guerra, más adelante, y llena de patetismo y resignación al final. ¿En qué momentos podemos marcar este proceso?

Doña Antonia. Como viuda que es, se esfuerza en encontrar trabajo a sus hijos, llamando a todas las puertas. Es amiga y vecina de doña Dolores, con la que habla de cuestiones domésticas con frecuencia («doña Dolores es muy decente y muy sufrida, la pobre»). En cambio, siente gran aversión hacia don Luis, que le corresponde, como se ha visto más arriba. A Manolita tampoco la tiene en mucha estima desde que se entera de que se dedica a artista y sale en las revistas.

— ¿Cómo califica a don Luis y a Manolita? ¿Cuál es su actitud cuando surge la relación entre su hijo Pedro y Rosa, y sobre todo cuando se entera de quién es Rosa?

Del resto de personajes, *María, Anselmo, doña María Luisa* y *doña Marcela,* vamos a fijarnos en algún aspecto:

— María, aunque rechaza los acosos de Luis, al final accede a que entre en su cama. ¿A qué puede obedecer ese cambio de actitud? Su comportamiento posterior con la familia, después de ser despedida, ¿cómo lo definirías?

— Aunque Anselmo sólo aparece una vez, en el cuadro IX, su intervención es importante porque es una fuente de información del mundo exterior. ¿Infunde algún tipo de esperanza a la familia? En el cuadro XIII, don Luis, refiriéndose a Anselmo, dice: «Hace ya bastante más de un año que lo dijo». ¿A qué se está refiriendo?

— La ideología de doña María Luisa se pone de manifiesto en las conversaciones con los vecinos en el sótano. ¿Con qué bando se identifica? Observa el contraste que ofrecen los verbos que emplean ella y Luis en el cuadro XIV.

— Doña Marcela es la abuela de Ambrosio. ¿Resulta incongruente su actitud de divorciarse de su marido y convivir, sin embargo, con él en la misma casa?

---

3. CONTENIDO

3.1. *Tema principal: Las consecuencias de la guerra*

En esta obra, Fernán-Gómez realiza una evocación de su adolescencia, en la que fue testigo de la guerra civil española, mostrándonos los hechos cotidianos de unas familias que intentan sobrevivir a sus graves consecuencias. La guerra sucede fuera de escena y sólo es el marco donde presenciamos la crónica de las desgracias y la miseria que genera en la familia de don Luis y en la de sus vecinos.

— En el prólogo, Pablo y Luis, dos amigos adolescentes, juegan a la guerra en los descampados de la

Ciudad Universitaria de Madrid. ¿Por qué les parece imposible que ocurra una guerra? Podríamos decir que resulta premonitorio, teniendo en cuenta que la escena ocurre con anterioridad al comienzo de la contienda. ¿Hay alguna incongruencia en ello?

— En el epílogo, Luis, que vuelve a este mismo escenario con su padre, ¿qué rememora?

— Las primeras noticias sobre la situación prebélica en Madrid las conocemos a través de Pedro (cuadro III), que informa del asesinato de José Calvo Sotelo; sin embargo, ¿qué conflicto familiar hace de contrapunto a esta tragedia? ¿Qué opiniones vierte don Ambrosio y su familia sobre este suceso?

Esta técnica dramática del contrapunto, frecuente en la obra, nos pone de relieve la intención del autor de dramatizar una crónica familiar, donde la intrahistoria se superpone a la historia.

En el cuadro IV se produce el estallido de la guerra.

 — ¿A través de quién nos enteramos de la sublevación de los militares en África? Los personajes se ponen a escuchar la radio y a raíz de la llegada de don Luis con más noticias, ¿qué es lo que preocupa a varios miembros de su familia y a los vecinos?

Las consecuencias de la guerra se presentan en los cuadros siguientes, donde el autor se centra en presentarnos los conflictos internos de los personajes y cómo superarán esta dramática situación. Los episodios de la guerra con toda su tragedia parecen lejanos y los protagonistas de esta crónica familiar, a veces, muestran signos de acostumbrarse a ellos. No obstante malviven con sus miedos, sus frustraciones y las noticias de la muerte de conocidos y familiares.

— Así, en el cuadro V, asistimos a los acosos sexuales que somete Luis a María. Hay un momento de tensión cuando la criada llama a la madre. ¿De qué manera se resuelve esta situación?

— Durante la escena en que Luis y María están en la cama (cuadro VI), se oyen en varias ocasiones explosiones y tableteo de ametralladoras. ¿Cuál es la actitud de los dos? ¿Te parece normal? ¿Cómo se explica dicha actitud? Compárala con la de los vecinos en el sótano, cuando caen bombas.

Al principio de la segunda parte, con el optimismo que rebosa el anarquista Anselmo, parece que la familia de don Luis atisba un poco de esperanza de que la guerra concluya pronto, ya que la realidad que viven ellos no se lo hace pensar, como dice doña Dolores: «Porque aquí se ven las cosas distintas... Combates y más combates..., bombardeos, hambre... No pasa día sin que nos llegue la noticia de una muerte».

 — En el cuadro XI se produce otra crisis familiar: el embarazo de Manolita. Anteriormente, hemos comparado el punto de vista de la madre y la hija a propósito del mismo. Pero, ¿qué imprecación exclama doña Dolores cuando se entera de la muerte del padre de la criatura?

Doña María Luisa, en la primera escena del sótano, ve pronto el fin de la guerra y propone un trato a don Luis que tiene unas ideas contrarias a las suyas.

 — ¿De qué trato hablan? Don Luis tarda en contestar pero lo hace con la nobleza de espíritu que le caracteriza. ¿Cómo se observa esta actitud en sus palabras? En el epílogo, don Luis, de cara al futuro, le habla a su hijo de un trabajo. ¿Guarda alguna relación con la propuesta de doña Luisa?

— Tras la conversación entre doña María Luisa y don Luis, Julio se acerca a Manolita y le propone casarse con ella. ¿Con qué fin?

«Si nos morimos de hambre, tendrá que acabarse esto.» Así dice doña Dolores en el cuadro XIII, en el que presenciamos cómo el abatimiento bloquea a toda la familia, pues están al límite de la resistencia humana. Recordemos el episodio de las lentejas, ya aludido y que comentaremos ampliamente más adelante. A pesar de todo, el humor contrapuntístico aflora en don Luis que actúa como un bálsamo en las situaciones más tensas.

 — Doña Dolores en una réplica anterior a la conversación sobre la inminencia de la guerra entre Alemania y Francia desea fervientemente la paz, ¿con qué palabras?

— ¿De qué hablan padre e hijo, en un aparte, cuando Basilio y María se despiden en la puerta de la familia? ¿Qué función tienen estas palabras?

— En la última escena, suenan timbrazos insistentes y golpes en la puerta que sobrecogen a doña Dolores. Ha muerto Julio. ¿Quién trae la noticia? El silencio subsiguiente, ¿qué significa? En la última acotación se nos indican distintos movimientos escénicos de la familia. ¿Qué significado puede tener el que María quede abatida sin lágrimas? ¿Recuerdas otra trágica experiencia parecida que le había ocurrido? La madurez de Luis se observa en su actitud. ¿Qué es lo que hace?

Julio es el único personaje que muere y sus consecuencias afectan directamente a dos familias. Pero, con anterioridad, como en un goteo, los miembros de la familia se han ido transmitiendo información de la muerte de vecinos o personas con las que mantenían alguna relación (el hijo de Revenga, el marquesito, el miliciano, etc.) y de familiares (el primo Antonio, el padre de María, etc.).

A la proximidad de la muerte hay que sumar el cúmulo de frustraciones y desgracias que se genera en los personajes, como consecuencia directa de la realidad trágica que les rodea.

 — Detengámonos en la familia principal: Luis se había creado un proyecto de vida. ¿Qué es lo que quería estudiar y para lo que el trabajo en las bodegas le serviría de experiencia? Sin embargo, su destino va ser muy diferente. ¿Qué se nos dice en el epílogo? María soñaba con ser actriz, pero pertenece a una familia de perdedores, ¿crees que logrará su sueño? Por otro lado, sus relaciones amorosas han sido desgraciadas, ¿las recuerdas? Doña Dolores, que anhelaba la paz, ignora el fin que le espera a su marido. ¿Qué le dice Luis a su padre a propósito de esto en el epílogo? Don Luis espera ser depurado por su ideología y por la incautación de las bodegas. ¿Qué delata la respuesta que da a su hijo: «No ha llegado la paz, Luisito: ha llegado la victoria»?
— En cuanto a la familia de doña Antonia, ya sabemos lo que le ha ocurrido a Julio, pero ¿y Pedro? ¿Qué sabemos de él? ¿Con quién cuenta doña Antonia para ayudarla?

Junto al tema o asunto principal, podemos observar otros de carácter secundario, difícilmente separables del principal. El tratamiento del tema y la mayor o menor importancia que el autor da a los distintos subtemas conformarán una visión completa de la obra.

3.2. *El hambre*

Una de las secuelas de una situación atípica, como una guerra, es la falta de alimentos. A lo largo de la obra se nos da un muestrario de las comidas de las distintas familias.

Así, en la tercera intervención de doña Dolores en el cuadro I: «Cocido como siempre. ¿Qué quiere usted qué ponga? Antes comíamos arroz con pollo los domingos, pero no están los tiempos para florituras». En este mismo cuadro, Dolores manda a Manolita preparar el escabeche y, más adelante, nos dice que va a preparar natillas, como un extra, para celebrar el empleo de Manolita.

Sin embargo, a medida que avanza la guerra, la penuria se deja notar.

— A través de diversos cuadros se nos presenta a la familia en torno a la mesa del comedor. ¿Podrías describir cómo va evolucionando la comida en ellos o, lo que es lo mismo, cómo evoluciona el hambre? En el cuadro X aparece el racionamiento de alimentos que tenía la población de Madrid. ¿En qué intervención de doña Antonia se nos muestra?

Hay un momento muy significativo en el cuadro XIII. Después de que se han marchado Basilio y María, que han estado de visita, surge la escena de las lentejas (que se habían convertido en el símbolo de la resistencia en Madrid).

— La familia se reúne en consejo, aprovechando que no están ni doña Antonia ni Julio, que convive con ellos. Doña Dolores expone la situación: «No sé si habréis notado que hoy casi no hay lentejas». Al principio nadie sabe nada. ¿Sobre quién cargan todos las culpas?

— A continuación, uno tras otro comienzan las autoconfesiones todos sus miembros. ¿Cómo diluye Luis su culpabilidad?, ¿con qué medio lingüístico se exculpa doña Dolores?, ¿y qué argumenta Manolita?

— La confesión de don Luis merece una atención especial. Su disculpa se basa en un hecho que todos los personajes habrán tenido en cuenta al meter la cuchara en la cazuela. ¿De qué se trata? Por otro lado, hace una referencia clara a la alimentación de la familia en los últimos meses de guerra. ¿A qué platos se refiere?

— ¿Qué conclusión se deduce de este episodio?

3.3. *Las relaciones amorosas*

A través de los distintos cuadros, asistimos a la evolución de las relaciones entre los distintos personajes.

— En el prólogo, observamos el despertar sexual de dos adolescentes, Pablo y Luis. ¿A partir de qué tema de discusión hablan de sexo? ¿En qué otro cuadro inciden en el mismo tema?

— Dentro del dramatismo de la acción, hay momentos de cierta ternura, como en el cuadro II, donde Luis lee, a Charito, un poema que ha escrito. Siguiendo las indicaciones del propio Luis, compón un romance de tono amoroso.

— En otro cuadro asistimos a otra situación parecida. ¿Cuál es? En él se menciona a Bécquer. Lee la rima LIII de este poeta y di si encuentras algún elemento temático común entre el romance de Luis y la rima de Bécquer.

En la mayoría de los personajes, podemos observar una relación amorosa que, en función de las circunstancias que viven, no siempre termina felizmente.

— Te proponemos completar el siguiente cuadro, para comprender bien las relaciones entre los diversos personajes:

Personaje	Relacionado con	Tipo de relación	Situación final
	Doña Dolores		
Doña Marcela			
			Abandona a la mujer, embarazada
	Basilio		
	Rosa		Él, en un campo de concentración
Julio		Matrimonio	
Doña María Luisa			

— La guerra también ha truncado muchos matrimonios: ya hemos comentado lo sucedido a Manolita y a doña Marcela, ¿lo recuerdas? María se había casado con su paisano Basilio. ¿Qué ocurre con este matrimonio al terminar la guerra? ¿Por qué? ¿Juzgarías la actitud de Basilio como la de un «trepa»?

3.4. *La bicicleta*

Es el motivo que da título a la obra. La bicicleta tiene una gran carga simbólica, por lo que vamos a detenernos un poco para comprender bien su significado. En el cuadro I, estamos situados en pleno verano del año 1936. Luis, en conversación con su padre, se queja de que él no tiene una bicicleta cuando todos sus amigos ya la poseen y pueden realizar excursiones.

 — ¿Cuál es el motivo por el que Luis no tiene bicicleta? A Luis le parece injusta esta situación porque él quiere la bicicleta para el verano. El padre, no obstante, le hace ver el acuerdo al que han llegado. ¿En qué consiste éste?

— Sin embargo, Luis propone un nuevo pacto, dando la vuelta al argumento de su padre, el cual llega a responderle con cierto deje irónico: «La Lógica sí la habrás aprobado, ¿verdad?». A continuación, ¿qué nuevo pacto le propone Luis?

— Padre e hijo establecen un nuevo acuerdo, pero cuando don Luis, en el cuadro IV, sale antes de la oficina con el fin de poder comprar la bicicleta, algo se lo impide. ¿Qué es lo que ha ocurrido?

Desde este momento hasta el epílogo transcurren tres años y no se vuelve a hablar de la bicicleta. Sin embargo, se ha producido un gran cambio en el interés que Luis tenía por su bicicleta en los primeros cuadros y ahora. En el epílogo, Luis nos revela el verdadero motivo por el que quería la bicicleta.

— ¿Para qué quería Luis la bicicleta, verdaderamente, antes de la guerra? ¿Para qué va a emplear la bicicleta, en cambio, una vez terminada la guerra, según se nos dice en el epílogo?

Como se puede observar, Fernando Fernán-Gómez trasciende este motivo de la bicicleta en el título de la obra, asociando la bicicleta con el verano.

— ¿Qué valor simbólico tiene la bicicleta?
— ¿Cómo explicarías el significado de la última frase de don Luis: «Sabe Dios cuándo habrá otro verano»?

GLOSARIO

Los números romanos hacen referencia al cuadro donde se encuentra la palabra.

Bato: hombre tonto o rústico, de pocas luces. Aquí, referido al padre de Pablo. Prólogo.

Bombachos: pantalones que, por debajo de las rodillas, van recogidos por una goma que se ajusta a las piernas. Prólogo.

Camino bordado: tela bordada, estrecha y alargada, que se pone de adorno en las mesas. VII

Casullas: vestidura que se pone el sacerdote sobre todas las demás para celebrar la misa. IX

Charranada: expresión infantil. Acción injusta con que se perjudica a una persona para beneficiarse uno mismo. XV

Chirlas: almejas pequeñas. XIII

Chola: voz popular para «cabeza». Prólogo.

Comparsa: en el teatro, figurante; el que forma parte de un acompañamiento. V

Hacer de su capa un sayo: expresión que se emplea cuando alguien hace lo que le viene en gana. III

Hacer un pan con unas hostias: expresión que se emplea cuando alguien hace algo con poco acierto. I

Le ha hecho la boca un fraile: expresión que se emplea cuando alguien pide en exceso. I

Maná: alimento que Dios envió a los judíos, en forma de

copos que descendían del cielo, mientras atravesaban el desierto. XIV

Meritorio: en el teatro, el que trabaja sin cobrar para hacer méritos. V

Orondo: satisfecho de sí mismo. En sentido figurado, gordo. XV

Policromar: aplicar diversos colores, por ejemplo a una escultura. XII

Rozagantes: vistosos o de mucha apariencia. XIII

Tahona: panadería donde se cuece el pan. III

Untar: en sentido figurado, sobornar. I

Verdolagas: planta de hojas carnosas que se comen en ensalada. XII

BIBLIOGRAFÍA

AA. VV.: *Fernando Fernán-Gómez: el hombre que quiso ser Jackie Cooper,* Patronato Municipal de Cultura de San Sebastián, col. Manicomio, San Sebastián, 1993.

AGUILAR, Carlos, y GENOVER, Jaume: *Las estrellas de nuestro cine,* Alianza Editorial, Madrid, 1996. [Incluye toda la filmografía del autor.]

AZNAR, Manuel y otros (eds.): *Fernando Fernán-Gómez, Las bicicletas son para el verano,* Vicens-Vives, Barcelona, 1996. [Incluye una introducción y análisis sobre la obra.]

BORAU, José Luis (dir.): *Diccionario de cine español,* Alianza Editorial, Madrid, 1998. [Incluye todas las películas que ha dirigido el autor.]

FERNÁN-GÓMEZ, Fernando: *El actor y los demás,* Laia, Barcelona, 1987. [Ensayo.]

—: *El arte de desear,* Temas de Hoy, Madrid, 1992. [Ensayo.]

—: *El ascensor de los borrachos,* Espasa Calpe, col. Espasa-Humor, Madrid, 1993. [Novela.]

—: *Las bicicletas son para el verano,* Espasa Calpe, col. Austral, Madrid, 1984. [Teatro.]

—: *La coartada,* Tiempos de Historia, 8 (julio, 1975). También, en Ediciones Antonio Machado, Madrid, 1987. [Teatro.]

—: *La coartada. Los domingos, bacanal,* Espasa Calpe, col. Selecciones Austral, Madrid, 1985. [Teatro.]

—: *La cruz y el lirio dorado,* Espasa Calpe, col. Narrativa, Madrid, 1999. [Novela.]

—: *Desde la última fila,* Espasa Calpe, col. Textos Escogidos, Madrid, 1995. [Conjunto de artículos sobre cine.]

—: *Historias de la picaresca,* Planeta-Agostini, Barcelona, 1996.

—: *Imagen de Madrid,* Aguilar-El País, Madrid, 1992. [Textos con fotografías sobre Madrid.]

—: *Impresiones y depresiones,* Planeta, Barcelona, 1987. [Conjunto de artículos periodísticos.]

—: *Los ladrones,* Anaya, Madrid, 1987.

—: *Lazarillo de Tormes,* Castilla Ediciones, col. Campo de Marte, Valladolid, 1994. [Teatro.]

—: *El mal amor,* Planeta, Barcelona, 1987. [Novela.]

—: *El mar y el tiempo,* Planeta, Barcelona, 1992. [Novela.]

—: «El olvido y la memoria», *Triunfo,* 3, (enero de 1981), págs. 75-81 [Autobiografía.]

—: *Pareja para la eternidad,* Acanto, 14, febrero, 1948. [Teatro.]

—: *La Puerta del Sol,* Espasa Calpe, col. Edición Especial Austral, Madrid, 1995. En la misma editorial, col. Espasa de Bolsillo, 1998. Existe una edición en braille, ONCE, Madrid, 1996. [Novela.]

—: *¡STOP! novela de amor,* Espasa Calpe, col. Espasa Narrativa, Madrid, 1997. En la misma editorial, col. Espasa de Bolsillo, 1998. [Novela.]

—: *El tiempo amarillo. Memorias ampliadas (1921-1997),* Debate, Madrid, 1998. [Memorias.]

—: *El vendedor de naranjas,* Tebas, Madrid, 1961. Posteriormente, en Espasa Calpe, col. Selecciones Austral, Madrid, 1986, y en la col. Grandes de Bolsillo, 1994. [Novela.]

—: *El viaje a ninguna parte,* Debate, col. Literatura, Madrid, 1987. Posteriormente, en Círculo de Lectores, Barcelona, 1985. [Novela.]

GALÁN, Diego: *La buena memoria de Fernando Fernán-*

Gómez y Eduardo Haro Tecglen, Alfaguara, Madrid, 1997. [Memorias.]

GALÁN, Diego, y LLORENS, Antonio: *Fernando Fernán-Gómez,* Fundación Municipal de Cine y Fernando Torres editor, Valencia, 1984. [Biografía.]

GUTIÉRREZ PALACIO, Javier: *Historia de la literatura española, siglo XX,* Ediciones Tiempo, Madrid, 1994, págs. 1025-1034. [Análisis y comentario de *Las bicicletas son para el verano.*]

HIDALGO, Manuel: *Fernando Fernán-Gómez,* Festival de Cine Iberoamericano de Huelva, Huelva, 1981.

NICHOLAS, Robert L.: *El sainete serio,* Universidad de Murcia, Murcia, 1992, págs. 77-91. [Incluye un análisis de *Las bicicletas son para el verano,* junto a otros estudios de Buero Vallejo y Lauro Olmo.]

TÉBAR, Juan: *Fernando Fernán-Gómez, escritor (diálogo en tres actos),* Anjana, Madrid, 1984.

YNDURÁIN, Domingo: *«Las bicicletas son para el verano»,* en AA. VV.: *Teatro en democracia,* Primer Acto-Girol Books, Madrid, 1989, págs. 103-104.

COLECCIÓN AUSTRAL

EDICIONES DIDÁCTICAS